现代经济管理基础及实践应用研究

王海青　李　慧　韩　辉◎著

中国商务出版社

·北京·

图书在版编目（CIP）数据

现代经济管理基础及实践应用研究／王海青，李慧，韩辉著 .-- 北京：中国商务出版社，2024.8.--ISBN 978-7-5103-5264-5

Ⅰ. F2

中国国家版本馆 CIP 数据核字第 2024UP0696 号

现代经济管理基础及实践应用研究

王海青　李　慧　韩　辉　著

出版发行：中国商务出版社有限公司

地　　　址：北京市东城区安定门外大街东后巷 28 号　　　邮　　编：100710

网　　　址：http://www.cctpress.com

联系电话：010—64515150（发行部）　010—64212247（总编室）

　　　　　010—64515164（事业部）　010—64248236（印制部）

责任编辑：云　天

排　　版：北京盛世达儒文化传媒有限公司

印　　刷：星空印易（北京）文化有限公司

开　　本：710 毫米 ×1000 毫米　　1/16

印　　张：10.5　　　　　　　　　　字　　数：170 千字

版　　次：2024 年 8 月第 1 版　　　印　　次：2024 年 8 月第 1 次印刷

书　　号：ISBN 978-7-5103-5264-5

定　　价：79.00 元

前言 >>>

市场经济已经渗入社会生活的方方面面，现代企业中的技术活动与生产运作、市场营销、财务分析、质量控制、投融资等经营管理活动密不可分。掌握专精技术、具备经济思维、了解管理知识的高层次复合型人才对于我国新工业化进程的重要性日益凸显。企业的工程技术人员不仅要掌握专业技术知识，还应掌握一定的经济管理知识与方法，这是企业发展的要求，也是市场经济发展和社会进步对人才的要求。对理工科大学生进行经济管理基本知识的教育，提升大学生的经济意识与管理理论素养，对推动我国经济社会的进步和现代化事业的发展，具有重要而深远的意义。

作者根据我国经济快速发展和国际化交流日益频繁的趋势，结合现代企业制度和经济管理的现状编写了本书，首先，以经济管理基础理论为切入点，对现代管理的基本原理进行了详细论述；其次，针对经济管理体制的优化与改革趋势进行分析，在此基础上，对现代经济管理与企业可持续发展进行了深入研究，并提出对策以改善其中的不足；最后，对现代经济管理的实践应用研究与多元视角下现代企业经济管理的创新策略作出了探讨。本书以全面、实用和可操作为宗旨，力求为新时代经济管理的发展提供有益指导。

在撰写过程中，为提升本书的学术性与严谨性，作者参阅了大量的文献资料，引用了一些同行前辈的研究成果，因篇幅有限，不能一一列举，在此一并表示最诚挚的感谢。

由于经济管理研究涉及的范围比较广，需要探索的层面比较深，本书难免存在一些不足，对一些问题的研究不透彻，恳请前辈、同行以及广大读者斧正。

作　者
2024 年 3 月

目录 >>>

第一章

经济管理基础理论

第一节 经济管理的基本知识

一、经济与管理

（一）经济的概念

经济是人类社会的物质基础，没有经济就没有人类社会。经济与政治一样属于人类社会的上层建筑，是构建人类社会并维系人类社会运行的必要条件。"经济"一词的具体含义随语言环境的不同而不同，它既可以指一个国家的宏观的国民经济，也可以指一个家庭的收入和支出。"经济"有时作为一个名词，指一种财政状态或收支状态；有时候作为动词，指一种生产过程等，"经济"是当前非常活跃的词语之一。

1. "经济"一词在我国古代汉语中的含义

公元 4 世纪初东晋时代已正式使用"经济"一词。《晋书·殷浩传》："足下沉识淹长，思综通练，起而明之，足以经济。"此时，"经济"一词是经邦济世、经国济世或经世济民等词的综合和简化，含有"治国平天下"的意思。"经济"

一词在中国古代文化和古代文学中是一个非常丰富的概念，其蕴含了丰富的人文思想和社会内涵，我国古代名句"文章西汉两司马，经济南阳一卧龙"中的"经济"就是"经纶济世"的意思。"经济"在我国古代代表着知识分子的责任之一，是非常有深度、广度和高度的一个词语，能做到"经济"二字的人必须文能提笔安天下。我国古代的知识分子，特别是儒家学派的知识分子，常常按照《大学》中"三纲八目"（"三纲"是指明明德、亲民、止于至善，"八目"是指格物、致知、诚意、正心、修身、齐家、治国、平天下）的要求去做学问、做人，而"三纲八目"最高的要求就是做到"治国平天下"，这是古代"经济"一词的最深层次表达。"经济"一词在我国古代汉语中含义非常丰富，它主要指宏观层面上国家如何理财，如何管理各种经济活动，如何处理政治、法律、军事、教育等方面的问题，即治理国家、拯救庶民的意思。

2."经济"一词的近现代含义

随着时代的变迁，"经济"一词逐渐具有了现代社会中人们经常使用的含义。在日常生活中，人们认为"经济"是指耗费少而收益多，如平时我们经常说："这件事你这样做，就经济多了。"有时也指财力、物力，指个人的收支状况，如鲁迅在《书信集·致何白涛》中写道："《中国木刻选》要开始付印了，共二十四幅，因经济关系，只能印百二十本。""经济"一词，除在日常生活中广泛使用外，还在经济管理中大量使用。在经济管理中，一般认为"经济"主要具有三种含义：一是指人们在物质资料生产过程中结成的，与一定的社会生产力相适应的生产关系的总和或社会经济制度，是政治、法律、哲学、宗教、文学、艺术等上层建筑赖以建立起来的基础。二是指社会物质资料的生产和再生产过程，包括物质资料的直接生产过程以及由它决定的交换、分配和消费过程。其内容包括生产力和生产关系两个方面，但主要是指生产力。三是指一个国家的国民经济或国民经济的某一个部门。当作为一个国家国民经济的总称时，它包括一个国家全部物质资料生产部门及其活动和部分非物质资料生产部门及其活动。我们通常所说的不同国家的经济状况，就是从国民经济的角度上讲的，如国内生产总值、社会总产值、企业的产量与效益等。经济有时也指国民经济的某一部门，如工业经济、农业经济、商业经济等。

到了现代,西方学者对经济的定义比较模糊。他们认为经济学的研究对象是经济,经济是一个清晰自明的实体,无须对经济下定义,故迄今为止在西方经济学中"经济"一词还没有一个明确的定义,导致西方学者对经济学的定义也处于混乱状态。目前,国内不同的学者从不同的角度,给出了经济不同的定义,如经济就是人类以外部自然界为对象,为了创造满足人们需要的物质环境,不断追求享受所采取的行为的总和;经济是指创造财富的过程;经济是指利用稀缺的资源以生产有价值的商品,并将它们分配给不同的个人;经济是指人类生活事务;经济是指个人、企业、政府以及其他组织在社会内进行选择,以及这些选择决定社会性稀缺资源的使用;经济是指社会管理自己的稀缺资源;经济是指在经济活动中确定劳动、资本和土地的价格,以及运用这些价格配置资源;经济是指金融市场行为,是指金融市场将资本配置到其他经济部门;经济是指收入分配,以及在不损害经济运行的前提下给予人帮助;经济是指政府支出、税收、预算、赤字对经济增长的影响;经济是指一定社会生产、交换、分配和消费等经济活动,以及所形成的经济关系和经济规律;经济是指资源配置的全过程及决定、影响资源配置的全部因素;等等。

(二)管理相关论述

1. 管理的重要性

管理活动自古有之。长期以来,人们在不断的实践中认识到管理的重要性。20 世纪以来的管理运动和管理热潮取得了令人瞩目的成果,成果之一就是形成了较为完整的管理理论体系。管理,顾名思义:既管且理。管什么?理什么?家庭主妇要管理家务,儿童要管理自己的零用钱,每个人都要管理自己的时间,这是广义的管理。更重要的领域是组织的管理:总统管理国家,将军管理军队,校长管理学校,厂长管理工厂,总经理管理公司等,这是狭义的管理。

管理是促进现代社会文明发展的三大支柱之一,它与科学和技术呈三足鼎立之势。一位当代著名的管理学权威曾说过:管理是促进社会经济发展的最基本的因素。发展中国家经济落后,关键是由于管理落后。国外的一些学者认为,19世纪经济学家特别受欢迎,而 20 世纪 40 年代以后,则是管理人才的天下了。还有人指出，先进的科学技术与先进的管理模式是推动现代社会发展的"两个车轮"，二者缺一不可。这些都表明管理在现代社会中占有重要地位。

经济的发展，固然需要丰富的资源与先进的技术，但更重要的是组织经济的能力，即管理能力。从这个意义上说，管理本身就是一种资源，作为"第三生产力"在社会各个领域中发挥作用。目前，在研究国与国之间的差距时，人们已把着眼点从"技术差距"转到"管理差距"上来。例如，美国与西欧国家之间的管理差距，就是美国的经济目前仍高于欧洲国家的重要原因之一；日本经济崛起，也正是抓住了管理。由此可见，先进的技术，要有先进的管理与之相适应，而落后的管理不能使先进的技术得到充分发挥。管理在现代社会发展中起着极为重要的作用。美国人认为，自己之所以成为世界第一经济强国，三分靠技术，七分靠管理；日本人自己总结，管理与设备，管理更重要。管理出效率，管理出质量，管理可以提高经济效益。在20世纪80年代初，日本产品能够横扫英国摩托车业，超越美国和德国的汽车制造业，抢夺德国和瑞士的钟表、摄影机、光学仪器等生意，打击美国在钢铁、造船、钢琴、电子产品上的优势，靠的就是管理，特别是依靠企业文化进行管理。

2. 管理的职能

从18、19世纪开始，一些经济学家就提出了管理的一些职能。例如，让·巴蒂斯特·萨伊（Jean-Baptiste Say）强调计划职能的重要性，而经济学的集大成者乔治·科特利特·马歇尔（George Catlett Marshall）也持这种观点。这一时期，管理职能的提出都是片面的，是针对某一方面的。从系统的观点最早提出管理职能的学者是法国的亨利·法约尔（Henri Fayol），他认为管理具有计划、组织、指挥、协调和控制五个职能，即"五职能说"，后来又有很多学者提出了"三职能说""四职能说""七职能说""九职能说"等。在法国管理学者法约尔最初提出计划、组织、指挥、协调和控制五项职能的基础上，又有学者认为人员配备、领导、激励、创新等也是管理的职能。何道谊在《论管理的职能》一书中依据业务过程把管理分为目标、计划、实行、检验、控制、调整六项基本职能，加之人力、组织、领导三项人的管理方面的职能，系统地将管理分为九大职能。总的来看，管理职能大致有计划、组织、指挥、协调、控制、激励、人事、调配资源、沟通、决策、创新等。

目前，管理学界最为广泛接受的是将管理分为计划、组织、领导和控制四项基本职能。

（1）计划职能。计划就是根据组织内外部环境的要求，来确定组织未来发展目标以及实现目标的方式。计划职能是指对未来的活动进行规定和安排，是管理的首要职能。在工作实施之前，预先拟定出具体内容和步骤，它包括预测分析环境、制定决策和编制行动方案，可以分为制订计划、执行计划和检查计划三个步骤。

（2）组织职能。组织是指为了实现既定目标，按一定规则和程序而设置的多层次岗位及有相应人员隶属关系的权责角色结构。组织职能是指为达到组织目标，对所需的各种业务活动进行组合分类，授予各类业务主管人员必要职权，规定上下左右的协调关系。组织职能包括设置必要的机构，确定各种职能机构的职责范围，合理地选择和配备人员，规定各级领导的权力和责任，制定各项规章制度等。在组织职能中要处理好管理层次与管理宽度（直接管辖下属的人数）的关系，还应处理好正式组织与非正式组织的关系。

（3）领导职能。领导职能主要指在组织目标、结构确定的情况下，管理者如何引导组织成员去达到组织目标。领导职能主要包括激励下属、指导别人活动、选择沟通的渠道、解决成员的冲突等。

（4）控制职能。控制职能就是按既定目标和标准，对组织的各种活动进行监督、检查，及时纠正执行偏差，使工作能按照计划进行，或适当调整计划以确保计划目标的实现。控制是十分重要的，因为任何组织、任何活动都需要控制，而控制是管理职能中的最后一环。

3. 管理的属性

管理的属性是指管理既是科学也是艺术。"没有管理艺术的管理科学是危险而无用的，没有管理科学的管理艺术则只是梦想。"现在，人们都已承认管理既是科学，又是艺术，一个成功的管理者必须具备这两方面的知识。管理的知识体系是一门科学，有明确的概念、范畴和普遍原理、原则等。作为实践活动，管理是一门艺术，是管理者在认识客观规律的基础上灵活处理问题的一种创新能力和技巧。管理是科学性和艺术性的统一。

一方面，管理是一门科学，它是以反映管理客观规律的管理理论和方法为指导，有一套分析问题、解决问题的科学方法论。管理科学利用严格的方法来收集数据，并对数据进行分类和测量，建立一些假设，然后通过验证这些假设来探索未知的东西，所以说管理是一门科学。管理要求人们在社会实践中必须遵循客观规律，运用管理原理与原则，在理论的指导下进行管理工作。管理已形成了一套较为完整的知识体系，完全具备科学的特点，反映了管理过程的客观规律性。如果不承认管理是一门科学，不按照经济规律办事，违反管理的原理与原则，就会受到规律的惩罚。

另一方面，管理是一门艺术。彼得·德鲁克（Peter F. Drucker）说："管理是实践的艺术。"艺术没有统一模式，没有最佳模式，必须因人而异、因事而异。管理者要搞好管理工作，必须努力学习科学管理知识，并用以指导管理工作，在实践中不断提高管理水平。世界管理大师杰克·韦尔奇（Jack Welch）说过：管理，要靠好的理念来获胜，而不是靠鞭子和枷锁。要把重点放在整个组织的效能发展上，而不是个人权力的扩张和强化。管理是合理充分地运用一系列已有知识的一门艺术。管理是艺术的根本原因在于管理最终是管人，没有人就没有管理，但人不是标准统一的零件和机器，人是有思维和感情的，管理必须因人、因事、因时、因地而异，要灵活多变、创造性地去运用管理的技术与方法。世界上没有两个同样的人，世界上也没有两个同样的企业。因此，管理永远具有艺术性。

二、经济管理研究的内容

随着商品经济的发展和社会分工的深化，人类经济管理活动的内容越来越复杂、丰富，专业化程度越来越强，部门分化越来越细。同时，各种经济管理活动、经济活动与其他社会活动也越来越相互依赖、相互渗透。为了适应这种现实经济情况的发展，经济管理的研究范围也越来越大，研究的内容也越来越庞杂。

（一）经济学研究的基本内容

在传统上，理论经济学通常被称为一般经济理论，它分为宏观经济学与微观经济学两个分支。微观经济学研究市场经济中单个经济单位即生产者（厂商）、消费者（居民）的经济行为，而宏观经济学则以整个国民经济为对象，来研究考察国民收入、物价水平等总量的决定和变动。微观经济学和宏观经济学是密切相关的，微观经济学是宏观经济学的基础，二者是个体与整体的关系，是互相补充的，所以要理解宏观经济理论和政策，就必须了解微观经济理论和政策。

1. 微观经济学

微观经济学是以资源利用为前提，以单个经济单位为研究对象，通过研究单个经济单位的经济行为和相应的经济变量单项数值的决定来说明价格机制如何解决社会的资源配置问题。

微观经济学的核心问题是价格机制如何解决资源配置问题，在理解微观经济学时要注意其以下四个特点。

（1）研究的对象是居民与厂商的经济行为。微观经济学研究的对象主体是居民与厂商。居民又称为居民户或家庭，是经济活动中的消费者，同时也是劳动力、资本等要素的提供者。在微观经济学中，假设居民户经济行为的目标是追求效用最大化，即研究居民户在收入既定的条件下，把有限的收入用于购买什么商品，购买多少商品才能实现满足程度的最大化。厂商又称企业，是经济活动中的生产者，同时也是劳动力、资本等要素的消费者。微观经济学中，假设厂商经济行为的目标是追求利润最大化，即研究厂商在成本费用既定的条件下，如何实现产量最大化，或在产量既定的条件下，如何实现成本最小化。

（2）解决的问题是资源配置。微观经济学以资源利用为前提条件，来研究居民户和厂商的资源配置问题，从而使资源配置达到最优化，给社会带来最大的福利。

（3）中心理论是价格理论。在市场经济中，价格始终在引导和支配着居民户和厂商的经济行为，生产什么，如何生产和为谁生产都由市场中的价格来决定。价格像一只看不见的手，调节着整个社会的资源配置，从而使社会资源的配置达到最优。价格理论是微观经济学的核心内容，决定价格水平的是需求和供给两个因素，需求是消费者行为理论研究的，供给是厂商行为理论研究的，二者就像剪刀的两个刀片一样共同决定了支点，即均衡价格。

（4）研究方法是个量分析。微观经济学研究的是某种商品的产量、价格等个量的决定、变动和相互间的关系，而不涉及总量的研究。

2. 宏观经济学

宏观经济学是以资源配置为前提，以整个国民经济为研究对象，通过研究经济中总体问题以及各有关经济总量的决定及其变化，来说明社会资源如何才能够得到充分利用。总体问题包括失业、通货膨胀、经济波动、经济增长等，经济总量包括国民收入、失业率、物价水平、经济增长率、利息率等。

在理解宏观经济学定义时，要注意其以下四个点。

（1）研究的对象是整个国民经济。宏观经济学研究的是整个国民经济的运行方式和规律，从总体上来分析经济问题。它不研究经济中的单个主体，即居民户和厂商的行为，而是研究由居民户和厂商组成的整体。

（2）解决的问题是资源利用。宏观经济学以资源配置为前提来研究资源是充分利用了还是闲置了、通货膨胀对购买力产生的影响、经济增长的途径等宏观经济问题。

（3）中心理论是国民收入理论。宏观经济学以国民收入的决定为中心来研究资源利用问题，从而分析整个国民经济的运行状况。宏观经济学就是运用国民收入理论来解释失业、通货膨胀、经济周期、经济增长和宏观经济政策等。

（4）研究方法是总量分析。宏观经济学研究个量的总和与平均量的决定、变动及其相互关系，并通过这些变动来分析说明国民经济的运行状况以及宏观经济政策的决定理由。

3. 微观经济学与宏观经济学的关系

微观经济学是研究经济中居民户和厂商的经济行为，宏观经济学是研究经济运行中的总量，二者之间在研究的对象、解决的问题、中心理论和研究方法上不同。尽管微观经济学与宏观经济学有以上不同，但作为经济学的两个组成部分，它们之间并不是互相割裂的，而是相互关联、互为前提、彼此补充的。

第一，微观经济学与宏观经济学是互相补充的。经济学的目标是要实现社会经济福利的最大化，为了达到这一目标，既要实现资源的最优配置，又要实现资源的充分利用。微观经济学与宏观经济学分别解决资源配置与资源利用问题，正是从不同的角度来说明社会经济福利最大化的实现，所以，它们之间是相互补充的，而不是相互排斥或互不相关的。

第二，微观经济学与宏观经济学都采用了实证分析法，属于实证经济学。这就是说，它们都要说明经济现象本身的内在规律，即解决客观经济现象是什么的问题，而不涉及应该是什么的问题。经济学的科学化也就是经济学的实证化，努力使所研究的问题摆脱价值判断，只分析经济现象之间的联系，是微观经济学与宏观经济学共同的目的。所以，实证分析是微观经济学与宏观经济学的共同方法论。

第三，微观经济学与宏观经济学都以市场经济制度为背景。不同的经济在不同的经济体制条件下运行，不同经济体制条件下的经济运行有不同的规律。经济学总是以一定的经济制度为背景的。微观经济学与宏观经济学都是市场经济的经济学，分析市场经济条件下经济的运行规律与调控。市场经济体制是它们共同的背景，它们都是市场经济这个既定条件下来分析经济问题的。所以，经济学并不适用于计划经济，也不完全适用于从计划经济体制向市场经济体制转化的转型经济。微观经济学与宏观经济学都以市场经济制度为背景，所以，在分析具体问题时，都把这一制度作为既定条件。

第四，微观经济学是宏观经济学的基础，宏观经济学是微观经济学的自然扩展。整个经济状况是单个经济单位行为的总和，所以，分析单个经济单位（居民户和厂商）行为的微观经济学就是分析整体经济的宏观经济学的基础。这一点已为所有经济学家所承认。但对于如何把微观经济学作为宏观经济学的基础，不同流派的经济学家则有不同的解释，至今也没有一致的认识。目前在宏观经济学中影响较大的理性预期学派主张从微观经济学的市场出清与完全理性假设出发把微观经济学与宏观经济学统一起来，但也没有完全成功。

（二）管理学研究的基本内容

1. 管理学的研究对象

管理学研究的对象包括生产力、生产关系、上层建筑等三个方面。管理学研究的目的是揭示管理的客观规律性，即如何按照客观自然规律和经济规律的要求，合理组织生产力，不断完善生产关系，适时调整上层建筑以适应生产力的发展，并从管理中总结、归纳、抽象和概括出科学原理，它着重研究管理的客观规律和具有共性的基本理论。具体研究以下三个方面。

（1）合理组织生产力。主要研究如何配置组织中的人力、财力、物力等各种资源，使各要素充分发挥作用，以实现组织目标和社会目标的统一。因此，怎样计划安排、合理组织以及协调、控制这些资源的使用以促进生产力的发展，就是管理学研究的主要问题。

（2）完善生产关系。主要是研究如何处理组织中人与人之间的关系，尤其是管理者与被管理者之间的矛盾关系问题；研究如何建立和完善组织机构设立、人员安排以及各种管理体制问题；研究如何激发组织内部成员的积极性和创造性问题，为实现组织目标而服务。

（3）适时调整上层建筑。主要是研究如何使组织内部环境与其外部环境相适应的问题；研究如何使组织的规章制度与社会的政治、经济、法律、道德等上层建筑保持一致的问题，建立适应市场经济发展的新秩序和规章制度，从而维持正常的生产关系，促进生产力的发展。

2. 管理学研究的内容

根据管理的性质和管理学的研究对象，管理学研究的主要内容包括以下几个方面。

（1）管理理论的产生和发展。管理理论与方法是一个历史的发展和演化的过程。管理理论和管理思想的形成与发展，反映了管理学从实践到理论的发展过程，研究其产生和发展是为了继往开来，继承发展和建设现代的管理理论。通过对管理理论的产生和发展的研究，可以更好地理解管理学的发展历程，有助于掌握管理的基本原理。

（2）现代管理的一般原理与原则。任何一门科学都有其基本的原理，管理学也不例外。管理的基本原理是指带有普遍性的、最基本的管理规律，是对管理的实质及其基本运动规律的表述。诸如决策的制定、计划的编制、组织的设计、过程的控制等，这些活动都有一个基本的原理和原则。

（3）管理过程以及相应的职能。主要研究管理活动的过程和环节、管理工作的程序等问题。此外，还要研究管理活动的效益和效率与管理的职能之间的密切联系。管理最基本的职能主要是计划、组织、领导与控制。

（4）管理者及其行为。管理者是管理活动的主体。管理活动成功与否，与管理者有着密切关系。管理者的素质高低、领导方式、领导行为、领导艺术和领导能力，对管理活动的成功与否起着决定性的作用。

（5）管理方法。管理方法是实现管理目标所不可缺少的，因而它是管理学研究的重要内容。管理的方法有很多，如行政方法、经济方法、法律方法等。一般而言，凡是有助于管理目标实现的各种程序、手段、技术都可以归于管理方法的范畴，所以管理方法包括各种管理技术和手段。管理功能的发挥，管理目标的实现，都要运用各种有效的管理方法。

（6）分类管理学理论与方法。管理学是一门应用多学科的理论、方法、技术而形成的综合性交叉科学，又与实践活动紧密相连，这就造成管理学的内容十分庞杂，甚至一些长期研究管理学的学者也很难理清管理学的内容体系。当研究某个部门的管理活动时，往往涉及企业管理、科技管理、教育管理、卫生事业管理、国际贸易管理、公共行政管理等。

（三）经济管理基础知识研究的内容

当代大学生为了适应市场经济的需要，应该了解很多经济管理方面的知识，以合理地处理日常生活中经常遇到的经济管理问题及工作中所面临的问题。目前，我国大学里面很多专业的学生都缺乏现代的经济管理基础知识，不能很好地解释各种经济管理现象。作为一个非经济管理类专业的大学生，为了提高自身的文化素养，必须掌握以下经济管理基础知识。

一是市场经济理论，主要了解市场经济、市场机制、市场体系和现代企业制度四个方面的内容。二是宏观经济分析知识，主要掌握宏观经济分析的各种指标、就业与失业、总需求与总供给、宏观经济政策分析等方面的知识。三是企业管理基础知识，主要了解现代企业经营管理、现代企业生产管理和现代企业战略管理的基础知识。四是市场营销基础知识，主要掌握分析市场营销机会、市场营销管理、制定营销策略等方面的知识。五是货币银行基础知识，主要掌握货币与货币制度、利息与利息率、金融市场与金融工具、金融机构体系以及货币供求与均衡等方面的知识。六是会计基础知识，主要掌握会计科目与账户、复式记账原理及其应用、工业企业主要经营过程的核算和成本计算、会计凭证与会计账簿、财产清查与财务会计报告等内容和方法。七是统计基础知识，主要掌握统计设计、统计调查、统计整理的方法和综合指标，统计指数的计算以及相关分析与回归分析等方面的知识。

第二节　经济管理思想的演化

一、早期的管理思想

中国是四大文明古国之一，在其各个历史发展时期，都蕴含着丰富的管理思想。许多管理思想散见于各种古籍中，是先于西方几百年甚至上千年提出来的，至今还具有借鉴意义。

早期的管理思想产生于 19 世纪末。在古代，由于社会生产力水平低下，尽管一些杰出的思想家如亚里士多德、孙武、司马迁等提出一些重要的管理思想，但都未能形成系统的管理理论体系。

18 世纪 60 年代以后，西方国家开始进行产业革命。一些著名的人物提出了一些重要的管理思想。亚当·斯密（Adam Smith）提出了劳动分工理论和"经济人"的观点；罗伯特·欧文（Robert Owen）提出了重视人的因素的观点；查尔斯·巴贝奇（Charles Babbage）对报酬进行了研究，提出了按照对生产率贡献大小来确定报酬高低的制度。

二、古典的管理思想

古典的管理思想，产生于 19 世纪末到 1930 年，以弗雷德里克·温斯洛·泰勒（Frederick Winslow Taylor）和法约尔等人的思想为代表。

泰勒是科学管理理论的创始人，在资本主义管理史上，他被称为"科学管理之父"。泰勒科学管理理论的主要内容集中体现在作业管理和组织管理方面。在作业管理方面，泰勒有三项管理方法：第一，制定科学的工作方法；第二，科学地选择和培训工人；第三，实行刺激性的差别计件工资制。在组织管理方面，泰勒也制定了三项管理方法：第一，把计划职能和执行职能分开，设立专业计划部门，按照科学的规律制订计划，管理企业；第二，实行职能工长制；第三，利用例外原则进行管理控制。

法约尔的管理思想主要体现为：第一，认为经营和管理是两个不同的概念。经营是指导或引导一个整体趋向一个目标，它包括技术、商业、财务、安全、会计、管理六项活动。管理只是经营活动中的一项，管理活动又包括五个要素或五个职能，即计划、组织、指挥、协调和控制。第二，法约尔在长期的管理实践中总结出了有名的"法约尔法则"，即大企业的下级阶层和小型企业以及初级企业的经理需要的最重要的能力是技术能力，中等规模以上企业的经理和大企业的车间主任以上的管理人员需要的是管理能力。第三，总结出十三项一般管理原则，分别为劳动分工、权力和责任、纪律、统一指挥、统一领导、个人利益服从整体利益、人员的集中、等级制度、秩序、公平、人员的稳定、首创精神、人员的团结。

三、中期的管理思想

中期的管理思想产生于 1930 年到 1945 年，以乔治·埃尔顿·梅奥（George Elton Mayo）和切斯特·巴纳德（Chester I. Barnard）等人的思想为代表。

梅奥是人群关系学派的代表人物。人群关系理论的主要内容：第一，工人是复杂的社会系统的成员，他们不仅是"经济人"，更是"社会人"，不仅有经济动机，更有社会和心理方面的需要，因此，必须注意从社会和心理方面寻找提高工人积极性的办法。第二，企业中存在着非正式组织，管理者只重视正式组织是不够的，还要充分认识到非正式组织的作用，注意在正式组织的效率逻辑与非正式组织的感情逻辑之间搞好平衡，以便充分发挥每个人的作用，提高劳动生产率。第三，生产效率主要取决于工人的工作态度，即士气，士气越高生产效益也就越高，管理者要通过对职工满足度的提高来激励职工的士气。

巴纳德是组织理论的代表人物。他认为，组织是一个系统，在组织内，主管人是最重要的因素，只有依靠主管人的协调，才能维持一个"努力合作"的系统；组织的存在要有三个基本条件，即明确的目标、协作的意愿和意见的交流；要使组织存在和发展，必须符合组织效力和组织效益原则。

四、现代的管理思想

现代管理思想，产生于 1945 年以后。这一时期管理思想非常活跃，出现了一系列管理学派，这里主要介绍行为科学学派、决策理论学派、经验主义学派和权变理论学派。

行为科学学派的代表人物主要有亚伯拉罕·马斯洛（Abraham H. Maslow）、弗雷德里克·赫茨伯格（Frederick Herzberg）、道格拉斯·麦格雷戈（Douglas M. Mc Gregor）等。马斯洛提出了需要层次论。他认为人的需要有五个层次：生理的需要，安全的需要，感情和归属上的需要，地位和受人尊重的需要，自我价值实现的需要。赫茨伯格提出了双因素论。他认为，影响工作动机的因素主要有两类：一类是外部因素，如基本工资、工作安全以及周围关系等，这些因素一般不构成强烈激励，因此也叫保健因素；另一类是内在因素，包括工作本身、成就、晋升等，这类因素是满足个人发展或自我价值实现的因素，因而是真正的激励因素。麦格雷戈提出了 X–Y 理论。

决策理论学派的代表人物是郝伯特·西蒙（Herbert Alexander Simon）。该学派认为，管理的关键在于决策。因此管理必须采用一套制定决策的科学方法。决策理论的主要论点是：决策是一个复杂的过程，根据决策的性质可以把它们分为程序化决策和非程序化决策，根据令人满意的准则进行决策，组织设计的任务就是建立一种制定决策的人机系统。

经验主义学派的代表人物主要是欧内斯特·戴尔（Ernest Dale）和德鲁克。该学派认为，管理学就是研究管理经验的，通过对管理中成功经验和失误的研究，就能认识问题和理解问题，就能学会有效地管理。以这一思想为基点，该学派主张从企业管理的实际出发，特别是以大企业的管理经验与案例为主要研究对象，对其进行概括和理论化，从而为企业管理人员提供实际的建议。

权变理论学派的主要代表人物有弗雷德·卢桑斯（Fred Luthans）和弗雷德·

菲德勒（Fred E. Fiedler）。该学派认为，在管理中要根据组织所处的内外环境变化而变化，针对不同情况采用相宜的管理模式与方法，没有一成不变的、普遍适用的、最好的管理模式和方法。

第三节　现代经济管理的理论概述

一、现代经济的含义及其主要特征

（一）现代经济的含义

所谓现代经济，是指建立在现代先进科学技术基础上，具有世界性的国际经济分工协作的市场经济。人类经济可以按时间、空间和所有制生产方式划分为不同的经济发展阶段，如可分为氏族部落经济、原始共产主义社会经济、奴隶社会经济、封建社会经济、资本主义社会经济、社会主义社会经济等；也可按原始的公有制、奴隶制的私有制、封建制的私有制、资本主义的私有制、社会主义的公有制来划分经济阶段；还可以按再生产过程把经济阶段划分为原始形态的产品经济阶段、一般形态的商品经济阶段和高级形态的产品经济阶段。在过去相当长的一段时间里，人们把社会主义社会的经济制度等同于高度集中的计划经济下的产品经济。经过几十年的实践，人们才逐步认识到，社会主义经济仍然是商品经济，仍然处在以市场交换为中心的商品经济阶段。

（二）现代经济的主要特征

不同经济阶段标志着不同时代的生产方式和经济特征及经济发展水平。现代经济具有以下明显特征。

1. 现代经济是全球化的市场经济

近代以来，科学技术的进步，特别是交通、通信的发展，已使世界贸易成为现代经济必不可少的一环，国际贸易和国际收支总额在国内生产总值中占有相当大的比重。利用比较优势，各国有可能充分有效地利用全球资源，互相增大受益效应，同时又逐渐使各国经济成为全球化的市场经济。国际交换的实质是开放的全球市场经济。因此，高度开放性是现代经济区别于传统经济的一个重要标准，开放性是维持现代经济正常运转，保证市场机制充分发挥作用的必要条件，一个国家的经济开放程度越大，改变市场机制作用下的资源配置方式的可能性就越小。世界贸易组织（WTO）规则下的全球市场经济体制初步规范了其成员之间的经济交往，即必须遵循反映价值规律的统一规则，实现等价交换。

2. 现代经济是一种信用经济

信用又称信贷，简单地说，就是一种借贷行为。信用的产生与货币有关，货币作为支付手段的职能及其发展，是信用存在的基础。以信用为交易媒介代替以货币为交易媒介而起主导作用是现代经济的重要标志。现代经济的信用性还表现为市场主体以信用为条件，扩大自己所从事的经济活动的规模和空间，加快自己采取经济行为的速度或频率。可见，发达的信用制度是优化资源配置的过程和格局的重要保障，是提高社会经济效益的重要基础，也是国家和地区经济活动达到相当高水准的标志。如果把现代经济比作大厦，那么，信用制度就是这座大厦根基的重要组成部分。

3. 现代经济是一种法制经济

市场经济的发展必然推动适应市场经济发展的法制环境的形成。法制性是经济成熟的又一个重要标志。在现代经济中，市场主体的行为包括进出市场行为和市场交易行为以及其他市场行为，都要受到法律法规的严格约束，现代市场经济的平等性和信用性特征也要受到法律法规的保护。只有在法制完备的条件下，市场经济才能有秩序、有效率地运转，社会资源才能在市场机制的作用下真正实现最优配置。

4. 现代经济是一种损益经济

市场经济作为一种社会资源配置方式，在一定生产力水平上是不可替代的。但是，市场经济具有不确定性：商品有的畅销，有的滞销；市场主体有的成功，有的失败。这种畅销和成功，构成现代经济收益的一面；而滞销和失败，则构成现代经济损失的一面。由于现代经济存在这种"损益"两面性，所以被称为损益经济。在现代经济中，"损"与"益"是矛盾的对立统一，"损"与"益"互为前提、互为条件，也互为动力或压力。个人乃至企业破产并不可怕，可怕的是社会没有一种信息识别系统和清出机制。现代经济如果没有"损"的特征，就无法确立"益"的特征，就不可能建立健全社会主义市场经济体制，也就无法实现资源的优化配置。因此，现代经济"损"和"益"的特征恰恰是社会经济进步的重要标志，也是市场机制发挥作用的条件。

5. 现代经济是第三产业在产业结构中占有大比重的经济

现代经济的一个重要特征就是第三产业在国家的产业结构中占的比重很大。无论是从国民生产总值看，还是从社会总的就业人数看，第三产业所占比重都应在 35% 以上。第三产业占的比重大，标志着这个国家（地区）物质生产部门的技术水平、生产效率很高。第三产业的加快发展是生产力提高和社会进步的必然结果，第三产业水平是衡量现代社会经济发达程度的重要标志。从许多国家经济发展的规律来看，当经济发展到一定水平时，第三产业的发展速度普遍高于第一、第二产业，对于整个国民经济的发展具有明显的促进作用。

二、现代经济管理的内容

经济管理的内容是多方面的、复杂的，各国所采用的经济体制、经济制度和运行方式不同，政府对经济的干预程度和管理方式不同，经济管理内容也就大为不同。我国现代经济管理主要包括以下五方面内容。

（一）现代经济管理组织体系

宏观经济管理主要是由国家政府执行管理职能的，它的组织体系主要由以下三部分组成。

（1）国家集中统一的最高层的全面综合管理组织机构。如中央政府要设立统管全局的制定国家经济发展战略并建立其经济预测和计划指导系统的组织机构；要设立集中、统一的宏观调控机构；要设立某些专门的经济管理机构和调控机构及对经济的检查监督机构；还要设立对经济信息系统及咨询的组织机构；等等。

（2）省、市、区的各级政府对所辖范围的经济管理也要设立各种经济管理机构，形成在中央政府高层的集中统一下垂直的分层次的经济管理组织体系，以及各级横向的专业经济部门和专业市场的管理组织体系，等等。

（3）从全国到各地区各城市的各种行业协会、同业公会、商会和专业研究会等半官方的以及群众团体等非官方的管理组织体系。在市场经济下应充分利用和发挥这些组织体系的作用，并将其作为政府经济管理职能的补充和完善。

（二）经济发展的预测和战略决策的制定

国家的经济发展要有正确的发展战略，发展战略要科学地反映社会、经济、科学、文化等发展规律，不仅要对国内经济发展的趋势做出预测，还要对国际经济发展及国际经济分工的趋势做出预测。这就需要系统全面地收集、分析和研究信息资料，由于经济预测长期性因素的不确定性和间接性，要广泛应用多种定性和定量的预测方法制定科学的多种可供选择的预测方案。经济决策就是在几种经济预测方案中进行选择，对经济发展战略做出决策。决策包括发展战略目标、战略方针政策、战略重点、重大战略措施以及战略规划。战略决策是指未来某一时点（年）经济发展要达到的目标。由于战略决策变化因素多，不确定因素多，决策难度大，所以必须应用科学的决策方法。

（三）经济结构的调整与产业政策的制定

一方面，要明确经济结构中的核心问题，即所有制结构如何发展，达到什么目标，采取什么政策等。这也是我国经济发展最基本的问题。另一方面，要确定经济结构中的产业结构。我国产业结构在现代市场经济下，在国际经济分工合理化下要不断优化，安排好第三产业的发展工作，确定和发展支柱产业，发展高科技新兴产业与传统产业、内销产业与出口产业等。

要特别重视对经济资源的探测、开发、利用、分配、储备等的管理，既要注意物质的资源管理，也要注意非物质的资源管理。

（四）经济运行的调控

我国社会主义市场经济下的宏观经济运行主要靠市场机制调节，但我国还必须十分注意利用政府对宏观经济运行进行宏观调控。所谓宏观调控，就是指政府使用行政、法律、经济杠杆等进行的调节和控制。这种调控以间接调控为主，主要有财政税务手段的调控，金融货币手段的调控，价格手段的调控，工资收入及福利工程手段的调控，外经贸等手段的调控。对宏观经济运行的调控主要是对国民经济各地区、城市的总量、总体的调控。

政府的有效调控是建立在宏观经济监督基础上的，必须广泛建立国家、地区、社会的各种经济监督和经济信息机构。

（五）经济监督

前面已论及，国家经济管理中要有并行的经济监督机构和手段。经济监督包括对税收、物价、统计等进行监督。经济监督除在经济机关进行外，还应在各种行政机关进行，如工商行政监督、海关监督、审计监督等。此外，还要有法律监督，包括对各种经济立法、经济司法、经济仲裁等进行监督。

三、现代经济管理的模式

经济管理模式对经济的发展有着重要作用。接下来主要讲述选择经济管理模式的重要性和选择模式时应考虑的主要因素，并着重介绍现代经济发展较快的国家的经济管理模式，为我国制定经济管理模式提供借鉴，从而塑造具有我国特色的经济管理模式。

（一）现代经济管理模式概述

1. 现代经济管理模式的含义

现代经济管理模式是指国家确立的经济体制、经济运行方式，政府相应地采用的经济管理组织体系和调控方式以及经济监督和现代管理制度等。不同经济状况的国家所选择的经济管理模式是不同的。模式的核心是政府对经济干预的程度和方式。

从现代经济比较发达的各国的实践来看，其经济发展之所以能够达到现代经济水平是与结合本国实际，选择对本国有效的现代经济管理模式分不开的。有效的管理模式能推动经济的健康快速发展。

2. 选择经济管理模式应考虑的主要因素

经济管理既要使整个国民经济有效运行、健康发展，实现经济目标，又要使企业有活力，使人民生活水平不断提高。选择经济管理模式应考虑以下主要因素。

（1）要考虑国家的社会制度、所有制结构、多种经济成分的现状和发展目标。各国不同制度的根本性质和目标是不同的。所有制结构中各种所有制性质所占比重、各种经济成分所处地位，及其发展目标和政策等也是不同的。因此，选择经济管理模式首先要考虑符合社会制度本质和目标要求以及坚持何种所有制为主发展经济。

（2）要考虑国家的经济资源、经济发展现状和所处外部经济环境。一国的经济资源状况将影响这个国家经济的发展方向和构成以及国际经济分工。经济发展现状和国外经济环境都会影响一国经济发展的目标和策略，更会影响经济管理模式的选择。

（3）要考虑国家的经济体制及其完善程度。不同的社会制度可以应用相同的经济机制来发展经济，"市场""计划"都是手段，它的机制就是社会资源配置的不同手段。因此社会主义国家也可以采用市场经济体制来配置社会资源和发展经济。由于各国的社会、政治、文化和经济发展水平以及国内外经济环境不同，市场完善程度不同，市场经济也就有适合各国国情的多种选择。因此，各国的经济管理模式也不同。

（4）要考虑国家的经济运行状况。一国的经济运行状况受它的经济发展目标、经济现状、市场的完善程度等多种因素的影响。根据经济运行状况，政府需要进行干预，采取不同内容、不同程度的宏观调控。这种调控可以利用行政命令、法律等直接调控方式，也可以利用多种经济杠杆等间接调控方式，引导市场和企业有效运行。

（5）要考虑企业结构和企业制度。企业是宏观经济的基础，是市场的主体。企业结构和企业制度是经济管理的出发点和落脚点。如从企业结构看，所有制结构、企业规模结构（大中小企业）、企业外向型结构、企业技术结构和企业资金结构等都对经济管理模式有影响。从企业制度看，是公司法人制还是自然人企业制度，是有限责任公司还是股份有限公司，是以国有企业为主还是以私有制企业为主等，也都影响着经济管理模式。

3. 现代经济管理模式的必要性

经济发达的国家都是结合国情，采用了各种有效的现代经济管理模式取得成功的。而不同管理模式的核心就在于政府对经济发展和运行采取的干预手段及其干预程度的不同。选择管理模式主要就是选择政府在经济发展和运行中扮演何种角色，使用何种手段。选择的管理模式对一国的经济发展是非常重要的。

（1）结合国情选择一种好的现代经济管理模式，能够促使一国的经济"超常速"地持续发展，反之，高度集中的计划管理模式则是缺乏活力的。

（2）选择一种好的现代经济管理模式，可以弥补本国资源的不足，充分利用别国资源发展本国经济，促进国际贸易和国际经济分工合作；反之，如果选择不当，资源优势就得不到充分发挥，经济发展就缓慢。

（3）现代经济都是在现代市场经济体制下运行和发展的。选择一种好的经济管理模式就能在激烈的市场竞争中求得生存与发展，充分发挥市场机制的积极作用，调动各方面的积极性，促进经济高效运行和发展。

（二）我国经济管理模式的特色

我国已确定实行社会主义市场经济体制，即以社会主义公有制企业为主导的多种经济成分并存的市场经济。这是与资本主义私有制的各种市场经济体制不同的。但在市场体系和市场机制的功能和作用的选择上却具有共同点。在经济调控和管理模式中，政府的干预应是间接的，一般只在自然灾害，政治、经济混乱，军事冲突等非常时期进行直接干预和市场管制。

我国选择经济管理模式的核心同样是政府如何干预市场。在这方面可以借鉴日本、韩国的"政府或行政主导型""官民体制""广泛协商"方式，以及扶植大企业集团、发展外向型经济等经验，也可借鉴法国的动用国有企业和国有资产进行干预的做法，但借鉴要结合我国国情。第一，中国是一个发展中国家，要实现经济现代化，参与国际经济合作和国际市场竞争，就必须实现规模经济，组织和扶植大企业集团，防止企业集团在国内市场的垄断。第二，中国是一个大国，也是世界人口大国，资源相对贫乏、分布不均，经济发展很不平衡。在这样的大国发展市场经济，全国的统一市场与区域性市场存在矛盾，需要政府不断地干预调整。不仅要注意总量的供需平衡，还要注意结构性和区域性的调整平衡。第三，我国曾经是一个实行高度集中的计划经济体制的国家，经济完全靠计划和行政命令运行，完全由政府管理。要转变成市场经济，需要政府主动大胆地改革和培育完善，认识到改革的长期性和政府干预的必然性。第四，我国的市场主体是以公有制为主的企业，这与我们所借鉴国家的市场主体都是资本主义私有制企业不同。如何使我国公有制企业能够"政企分开"，不受行政干预，自主进入市场而又具有内在激励机制和风险约束机制，是经济改革面临的一个难题。现实的选择就是从传统企业制度改革为公司制的现代企业制度。第五，无论宏观经济管理模式还是微观经济管理模式都要考虑到我国的文化背景和民族的价值观。

2001 年 12 月 11 日，我国正式加入 WTO。WTO 规则下开放性的市场决定着我国经济管理模式的开放性，从客观上要求我国经济管理模式必须及时改革，实现以政府为中心的传统管理模式向以市场经济主体为中心的现代经济管理模式的转变。由于我国特殊的历史背景，传统经济体制下的行政管理模式受到传统文化观念和思维的限制，效率低下，行政作风不佳。此外，小农色彩的经济模式影响着我国的经济管理模式，制约着我国经济管理整体水平的提高，使我国难以实现现代化经济管理模式。因此，我国要彻底改革传统计划经济体制下那些落后的政府管理理念、方式、手段、职能和机制，建立现代化经济管理模式。这里仅从我国经济管理模式的核心，即我国政府对市场的干预程度和方式来表述我国经济管理模式，即在社会主义市场经济体制下以市场经济主体为中心的经济管理模式。其主要特色有以下两点。

1. 政府职能的有限性

（1）政府职能的发挥范围是有限的。政府应该在作用范围内行使权力，应该由市场发挥作用的地方，就应充分发挥市场作用，政府只为市场经济的运行提供条件，建立好交换主体间的关系，维护好市场秩序，承担基础设施建设、提供信息服务、人才开发、社会保障服务等职能，为市场营造良好的发展环境。此外，在公共服务领域，特别是基础设施建设，应在加强对其宏观管理的同时，引入竞争，开放公共服务市场，在一定范围内允许和鼓励私营部门进入，借助市场和社会，让私营部门、社会团体等与政府共同"划桨"，弥补政府财力和服务能力的不足。

（2）政府权力是有限的，应该受到法律的制约。缺乏法律约束的行政权力就会膨胀，会破坏正常的社会秩序。同时，经济、文化、教育等一系列相关领域会出现连锁反应，政府的社会管理成本也会增加。此外，如果政府手中的权力缺少制约，则极易出现权力"寻租"，滋生腐败。因此，在建立有限政府的过程中，需要进一步加快行政法、行政诉讼法的完善，明确政府权责及国家赔偿的内容，保证政府行政权力在适当的范围内正确行使。20世纪90年代后期，发达国家提出的治理理论强调公共行政主体的多元化，也就是推动政府职能有限化，利用第三部门开发行政资源，提高行政效率。这是值得我们借鉴的。

2. 宏观调控的间接性

（1）减少直接干预，加强宏观调控。由于在经济运行中同时存在着市场机制和行政机制两种不同的资源配置方式，尤其是在基础产业和公共事业等领域，行政性资源配置方式制约着市场机制发挥基础性作用，并由此增加了整个社会经济运行的成本。所以，应尽量控制行政方式，增强市场活力，发挥其基础作用，实现市场的"经济权力回归"。目前，我国正处于社会转型、体制转轨的阶段，经济体制转轨一方面要求政府转变职能，大幅度减少行政干预；另一方面又不能不依托政府发挥某些特殊作用。因此，政府应从宏观上进行把握，如确定经济发展方向、统筹规划、检查监督等，逐步放弃过去的微观经济管理职能，把权力下放给市场和企业，只管那些市场和社会解决不了而又十分重要的问题，实现政府和市场的互补，从而推动经济快速健康地发展。

（2）规范政府和市场的行为，确保经济活动的有序性。政府管理中的"越位"和"缺位"问题，是政府参与经济和管理企业的行为缺乏制度约束，具有非规范性和随意性所致。不该政府管的事情政府干预了，即所谓的"越位"。政府的"越位"主要表现在对企业人事的任免、审批投资、资产重组等方面。这既加剧了政府部分官员对权力的"寻租"行为，又使政府主管部门或执法部门行使权力或执法的标准发生扭曲，最终结果是企业难以实现真正意义上的"现代化"，企业间的竞争也处于非公平状态。在加入 WTO 后，经济是开放的、竞争的、平等的，政府就必须从"越位"的地方"退位"，将自主权还给企业，从政策上促进社会经济主体的发展。所谓的"缺位"现象，也就是应当由政府完成的事情政府没有完成，在市场无法调节的某些地方出现了"真空"。在过去的经济体制环境下，由政府提供的"公共物品"出现短缺，不能满足企业和个人的需要。在市场运行和调节机制方面，没有形成一种"自动稳定器"，市场无法实现自身良好的调控。这首先是因为政府工作不到位，政府没有充分履行建立和维护市场秩序的职责。在经济全球化背景下，要解决"缺位"的问题，政府就要"补位"，把公共服务领域的工作做到位，使政府和市场相互补充、协调发展，共同推进经济的市场化、国际化。

（3）发展完善服务职能，有效地管理公共产品和提供服务。政府需要承担更多的咨询、服务职能，以咨询服务代替传统的管理职能，为市场主体提供咨询服务，加强经济社会中不同利益集团间的沟通和交流，为经济社会发展中的弱势群体提供必要帮助，形成与社会多元化发展相适应的多渠道、多层次社会利益协调机制。在市场经济中，政府的管理哲学基础是公共行政管理，政府是为公众服务的，公共管理是面对公众的服务，服务是政府的本质，是行政管理的目标和基准。

（4）加强市场监督职能，维持经济秩序。要完善监管市场的各种经济指标体系，加强对市场经济信息的收集、整理和分析，加大政府对市场行为的监管力度，维持经济秩序，从而使我国的市场经济与国际全面接轨，尽早适应激烈的竞争环境，最终提升国际竞争力。此外，要学会采取公开、透明的法律措施管理经济，放弃暗箱操作和幕后协商的利益机制。

第四节　经济管理的现代化运行

随着历史的演进，人类的管理思想已经发生了质的飞跃，管理的方法和手段产生了革命性的变革，管理活动已经从原始的、自发的、就事论事的状态发展到现代的、科学的、系统的状态。历史雄辩地证明：管理的生命在于运动。因此，像技术基础本身从来不把某一生产过程的现有形式看成和当作最后的形式一样，管理活动也不应墨守成规，而是应该努力构思设计和实现能够保证社会不断发展所需要的管理系统。

一、经济管理现代化的含义和客观必然性

（一）经济管理现代化的含义

经济管理的现代化，就是运用一切同社会经济活动有关的现代科学，包括经济学、社会学、心理学、数学、计算机科学及其他技术科学的成果进行经济管理，使之同现代经济的发展相适应，符合社会化、现代化大生产的客观要求，达到当代世界的先进水平。要深刻理解经济管理现代化的概念，必须把握以下三个要点。

1. **管理现代化是一个历史性的概念**

生产力的现代化是现代化的基础。生产力是不断发展变化的，而现代化又是生产力发展水平的反映，在不同的历史时期，现代化也就有不同的内容。因此，管理现代化是一个相对动态的概念，它随着时间的推移而不断充实新的内容和新的方法，必须用发展的观点来理解管理现代化。

2. **管理现代化是一个世界性的概念**

生产力的现代化是现代化的根本。任何一个国家要在世界性的竞争中得到发展，都必须努力赶超世界先进水平。现代化概念的世界性意义在于，现代化水平是一个世界水平。当前，我国的生产力水平以及管理水平都比较低，因此，努力实现我国管理现代化，既要纵比，即与过去的管理水平相比取得了哪些成就，更

要横比，即与世界先进水平相比还存在哪些差距，并将世界先进水平作为奋斗的目标。

3. 管理现代化应体现本国特色

管理现代化既要体现世界性，也要体现民族性和特定的社会制度与体制。我们讲管理现代化，必须从本国实际情况出发，实行具有本国特色的经济管理制度。

实现我国经济管理现代化，应遵循"以我为主，博采众长，融合提炼，自成一家"的方针。所谓"以我为主"，就是在重视和总结我国民族的、传统的管理经验的基础上，从实际出发，学习、引用外国先进的管理方法，提高我们的管理水平；所谓"博采众长，融合提炼"，就是要全面收集了解世界各国的管理经验和管理方法，并进行深入的分析研究，去其糟粕，取其精华，集百家之长为我所用；所谓"自成一家"，就是通过借鉴外国经验与继承本国经验的有机结合，建立具有中国特色的社会主义经济管理学。

（二）经济管理现代化的必然性

1. 科学技术在生产领域的广泛应用，要求经济管理必须现代化

与科学技术相结合，将自然科学的成果转化为生产过程实用的技术和装备，极大地拓展了人们利用自然力的范围。因为将科学技术转化为生产力大大提高了人的能动作用，突破了人的生理限制，增强了人类改造自然和驾驭自然力的能力。纵观社会生产力发展史，它的每一次飞跃无不与科学技术革命有关。例如蒸汽机的发明和使用使手工业劳动转变为机器工业生产，劳动的节奏和效率不再以人体动作的频率为限制，而是开始建立在机器运转频率的基础上；再如控制论和电子计算机的使用加快了机械化向自动化过渡的进程。这就是说，由于科学技术渗透到生产领域中，劳动生产率已经今非昔比。国外有人估计，当今社会在三年内所发生的变化相当于 20 世纪初 20 年的变化、石器时代 3000 年的变化。几千年来，人的体力并没有发生重大变化，可是人的劳动能力提高了不知多少倍，靠的就是科学技术和文化知识。

由于在物质生产领域有了"延长"人手和人脑的"工具"，实现了生产过程

的高效率，客观要求伴随这一过程的管理领域也要有"延长"人手和人脑的"工具"，实现管理的高效率。手工业的管理方式已不能适应社会化大生产客观经济活动的需要了。管理劳动主要是信息劳动，它同信息的收集、整理、传递直接相关。经济管理要利用各种形态的经济信息来控制人、财、物的合理流通，只有这样才能充分地发挥它们各自的效能，生产出更多符合社会需要的物质产品。如果信息不灵、反应迟钝，就会贻误时机，造成浪费，不但起不到通过管理促进生产力发展的作用，而且会适得其反。只有管理现代化与生产力现代化同步进行，才能使管理活动促进生产力的发展。在科学技术日新月异、信息瞬息万变的现代社会，要有效地解决信息处理在时间、空间、数量和质量上的矛盾，就必须建立起现代化管理信息系统。

2. 现代经济高度社会化的特点，要求经济管理必须现代化

机器大工业生产规模的扩大，技术水平的提高，机器和机器体系各组成部分分工的深化，必然要求生产过程更加社会化。不仅企业内部劳动分工更加精细，生产协作更加紧密，而且企业之间、部门之间的分工与专业化协作也日益发展，联系也越发错综复杂。在进入机器大工业时代后，分散的小规模的个体生产变为集中的大规模的社会生产，生产的社会性质在许多方面得到了发展。不仅生产资料在使用上社会化了，而且生产过程和产品的实现过程也进一步社会化了。社会再生产过程的生产、流通、分配和消费在更大范围内联系起来，成为一个生产的社会化和社会化大生产统一发展的整体。专业化协作、联合化的发展，国民经济各部门依存制约程度的加深，使得跨部门、跨地区、跨领域的问题越来越多，使管理工作更趋复杂化。如何按照客观经济规律，组织众多部门、企业的产供销，实现国民经济的综合平衡，是一个迫切需要解决的管理问题。在这种情况下，传统的管理方式不能胜任对全社会经济活动的协调工作。

3. 人类自身的发展和精神文明的建设，要求实现管理的现代化

管理的现代化包含的一个重要内容就是实现管理工作的自动化。自动化能够显著地提高劳动生产率。自动化的特点要求在管理结构上进行一些革命，例如压缩管理人员，改变人员的使用结构，增加脑力劳动和服务行业的比重，增加软件人员，等等，这些都在客观上要求提高劳动者的科学文化素质。

自动化的结果也能够为人类改善自身的素质创造有利的条件。例如人们对时间支配的变革改变了人们的思维方式和生活方式。人一生的时间可以分为三部分：一是维持生命需要的时间；二是人类发展需要的时间（包括劳动和学习）；三是物质和文化享受需要的时间。时间对每一个人、每一个企业、每一个民族和每一个国家都是公平的，每一天都是 24 小时。但是由于生产力水平和管理水平不同，上述三种时间分配的比例也大不相同。生产过程的现代化和管理过程的现代化能够创造个人全面发展的足够时间。这里关键是节约劳动时间，使人有更多的休闲时间、运动时间、学习时间以及其他文化享受与物质享受时间。可以说，现代化管理是最适合人类自身发展的条件之一。

4. 我国经济管理水平的现状，迫切要求实现管理的现代化

与先进国家相比，我国生产力落后，管理水平更落后，远远不能适应现代化建设和发展生产力的需要，有些由于生产力提高所产生的经济效益，往往被管理不善所造成的失误"淹没"。为了抢时间、争速度，尽快缩短与先进国家的差距，必须在大力发展科学技术的同时，重视管理的现代化。管理现代化是否实现，是关系到中华民族能否屹立于世界民族之林的重大问题。

二、经济管理现代化的内容

现代化是一个历史发展的过程，在不同时期有不同的内容。我国经济管理现代化的内容，是我国现在经济管理水平与世界先进水平之间存在着差距的反映，它指明了为实现我国经济管理现代化必须努力工作的方向。经济管理现代化的内容大体包括管理思想的现代化、管理组织的现代化、管理方法的现代化、管理手段的现代化和管理人才的现代化。

（一）管理思想的现代化

管理思想的现代化是经济管理现代化的核心和灵魂。因为管理组织、管理方法、管理手段、管理人才的现代化都是在现代化的管理思想指导下进行的。没有管理思想的现代化，就谈不上经济管理的现代化。当前，根据经济体制改革的精神，并结合经济管理现代化的要求，应树立以下六种观念。

1. 决策与战略观念

决策就是对各种经济活动做出选择和决定的全过程，它是整个经济管理的依据。在社会化大生产条件下，社会经济活动的范围日益广泛，涉及的因素日趋复杂，决策变得更加重要，也更加困难。这就要求必须抓住带有全局性的重大经济问题，即战略问题的正确决策。战略决策一旦失误，就会带来全局的失败。因此，经济管理工作者是否具有战略头脑，能否树立正确的决策观念，就成为决定其工作成败的关键。

2. 效率和效益观念

效率是指在一定时间内所完成的工作。效益是指用一定的活劳动和物化劳动生产出的符合社会需要的产品和服务。在现代科学技术和经济环境的发展变化日益加速的条件下，"时间就是金钱，效率就是生命"逐渐成为人们的共识。提高效率必须以提高效益为前提。因为只有带来效益的增长速度才是实实在在的增长速度，才能给人们带来实惠，所以一切经济管理都必须以提高效益为中心，并把效益与效率统一起来。

3. 改革和创新观念

这里所说的改革和创新要求经济管理必须随着生产力的发展和客观经济条件的变化而发展、变化。在经营环境复杂多变、生产技术日新月异、竞争压力越来越大的市场经济条件下，企业要发展就必须解放思想，加快"转机建制"的步伐，大胆改革和创新。只有不断地开发新技术、新产品、新市场，企业才能长盛不衰，立于不败之地。

4. 民主管理观念

民主管理就是指每个经济单位的职工都能以主人的姿态，积极地参与管理，使管理成为他们的权力，也成为他们的责任。在现代的社会化大生产条件下，由于生产过程中技术因素的作用越来越大，人们主动性、创造性的发挥，对于生产过程的影响很重要，所以要求既要有集中统一的指挥，又要给予劳动者一定的自主管理的权力。因此，民主管理既是社会主义制度的具体体现，又是社会化大生产的客观要求。

5. 系统和信息观念

这里所讲的系统是指把各个经济单位的经济活动都看成由相互联系、相互制约的部门、要素、环节所构成的有机整体，即经济系统。树立系统观念就要求管理必须用整体的、相互联系的观点来分析和处理问题，并通过系统分析探索最优的管理方案。为此，全面、及时、准确地掌握系统内部和外部的各种信息，就成为制定最优管理方案和确保管理成功的必要条件。

6. 智力开发观念

现代社会条件下，在影响经济发展的因素中，人的因素具有决定性作用。在人的素质中，智力水平又显得特别重要。智力开发就是通过各种有效的教育，提高人的素质和智力水平，并通过有效的管理，合理地使用人才，发挥人才的作用。在科学技术飞速发展的今天，如果不努力提高和充分发挥人的智力，上述现代管理所要求的战略、决策、效率、效益、改革、创新等都将无从谈起，社会主义现代化建设的目标就无法实现。因此，当代一些经济发达国家都十分重视智力开发，并将它作为管理现代化的一种重要指导思想。

（二）管理组织的现代化

管理组织的现代化就是要使经济管理组织能够适应现代化大生产的要求，能够调动组织方方面面的积极性并保证管理的效率，从而推动生产力的发展。它是经济管理现代化的组织保证。具体来说，管理组织的现代化应遵循以下四项原则。

1. 任务目标原则

任何一个组织都有其特定的任务和目标。因此，每个组织、每个部门、每个管理层乃至每个成员都应有与其特定的任务目标相关联的分目标。组织的调整、合并或取消都应以是否对其实现目标有利为衡量标准。没有任务目标的组织就没有存在的必要。

根据这一原则，在设置组织机构时，首先要认真分析，为了保证特定任务目标的实现，必须办哪些事（工作），工作量有多大，需要具有哪方面能力的人才能完成，然后才可以决定设立什么机构，需要几个部门、设立什么职务、配备多少人。任务目标要求以事为中心，因事设机构，因事设职务，因事配人员，反对因人设职，因职找事。

2. 统一指挥原则

统一指挥原则，就是在经济管理工作中严格实行统一领导，建立明确的责任制，消除多头领导和无人负责的现象，保证经济活动的有效领导和正常进行。

根据这一原则，管理组织系统中下级组织只接受一个上级组织的命令和指挥，每个人只对一个上级领导负责。按照这一原则设置的管理组织上下级之间的上报下达，都要按管理层次进行，不得越级。

3. 有效管理幅度原则

管理幅度也叫管理跨度，是指一个管理者或领导者能直接而有效地领导下属的人数。由于专业性强、涉及面广、管理内容多、工作量大，现代经济管理需要多种专业知识和管理经验。一个领导人员受其精力、知识、经验等条件的限制，能够直接有效地领导下级的人数是有一定限度的。超过一定限度，就不能做到具体、高效、正确的领导。一个领导人能够有效地领导下级的人数，称为有效管理幅度。影响管理幅度大小的因素，一般有管理层次、管理内容的繁简程度和技术性的高低，管理人员的思想水平、工作能力以及组织机构的健全程度、信息反馈速度等。管理幅度与管理层次是相互联系、相互制约的。管理幅度越大，则管理的层次越少；管理的幅度越小，则管理的层次越多。根据有效管理幅度的原则，要尽可能在扩大有效管理幅度的基础上减少管理层次。因为管理层次多了，既会影响工作效率，又会增加管理人员和管理费用。

4. 精简、效率的原则

精简，就是精兵简政，队伍要精干，机构要精练；效率，就是办事效率、工作效率要高。精简与效率是互相制约的，只有精兵简政，才能提高效率。因此精简与效率是管理组织的重要原则。

（三）管理方法的现代化

管理方法的现代化就是把现代社会科学和自然科学的成果应用于经济管理，

以保证管理方法的科学化，提高管理的有效性。管理方法现代化的内容可概括为以下三个方面。

1. 要运用经济学、社会学、心理学等社会科学的新成果做好经济管理

经济管理必须按照客观经济规律办事。然而，人们对于社会主义经济规律的认识有一个逐步全面和深化的过程。因此，必须吸收经济学研究中的新成果来不断地改进和完善经济管理，特别是宏观经济管理。例如，我国近年来，由于在理论上突破了把计划经济同商品经济对立起来的传统观念，确立了社会主义市场经济的目标模式，从而形成了改革开放的新思路，为经济的腾飞开辟了新纪元，同时也为宏观经济管理指明了方向。人们的经济行为总是要受社会和心理因素的制约，因而运用社会学和心理学的成果对于改善经济管理，特别是微观经济管理也很重要。我们应当借鉴外国已有的成果，并结合我国实际大力开展研究，以提高我们的经济管理水平。

2. 要运用现代自然科学，特别是现代数学的成果做好经济管理

近半个世纪以来，随着现代社会化大生产的发展，社会经济联系日趋复杂，传统的管理方法已难以适应这一变化。于是，新兴的管理科学方法被提出，并相继出现了诸如投入产出法、数学规划法、系统分析、网络计划技术、预测技术、价值工程以及排队论、对策论、决策论、库存论等许多经济管理的数学方法，其应用范围也日益扩大。这些方法对保证经济管理的系统化、数量化、标准化、最优化，提高经济管理的有效性起到了重要的作用。

3. 要普遍、系统、深入地应用各种现代管理方法

这里的"普遍"有两层含义：其一，普遍应用各种现代管理方法，而不是只应用几种方法，或者某一方面的方法；其二，各种现代管理方法应用于一切可以应用的场合，而不是只限于某些部门、企业或场合。当然，在管理方法现代化的过程中，有时需要有重点地推行某些方法，但是最终应当达到"普遍、系统"地应用。所谓"深入"是指在应用现代管理方法时，应深入理解其实质，灵活、客观地加以运用，充分发挥其潜力，取得最佳效果，而不是满足于应用了多少种方法却不求实效。

（四）管理手段的现代化

管理是人们为了达到一定目标而进行的自觉的活动，是对管理对象施加作用而获取最佳经济效益的自觉活动。对管理对象施加作用，就必须采取一定的手段。所谓管理手段，就是指人们用以对管理对象施加作用的有效管理工具和管理措施。管理手段可分为"软""硬"两类："软"手段是指行政手段、经济手段、法律手段等生产关系调节手段；"硬"手段是指管理中运用的技术手段，如电子计算机、办公设备、测试仪表等。管理手段现代化就是指适应现代生产力和社会主义生产关系的要求，不断改善"软"手段，不断更新"硬"手段，在现代管理思想的指导下，更有效地对管理对象施加作用，达到当代的世界先进水平。

管理手段现代化的内容主要包括以下两大方面。

1. 不断改善"软"手段

所谓不断改善"软"手段的运用包含两层意思：其一，致力于行政手段、经济手段、法律手段和思想政治工作手段科学化的研究，包括这些手段在管理中的作用范围和对象，这些手段运用的理论基础、依据和原则，这些手段的不足和长处等一系列问题；其二，加强这些手段的综合运用，形成具有中国特色的管理手段运用方式。

2. 不断更新"硬"手段

所谓不断更新"硬"手段的技术结构也包括两层意思：其一，要使引入的先进的物质技术手段适应现实生产力水平，适应经济管理的实际；其二，不断把现代科学技术的一些最新成果引进管理领域，使整个管理手段体系得到补充和更新。

（五）管理人才的现代化

管理人才现代化是现代化管理思想的人格化，是管理现代化的关键。这是因为，管理思想现代化和管理组织现代化能否贯彻，管理方法现代化和管理手段现代化能否推行，关键在于是否具有现代化的管理人才。管理人才现代化就是指培养和造就一大批具有现代管理思想、掌握现代管理科学技术知识，具备指挥才能、参谋才能、监督执行才能的现代管理人才。管理现代化对管理人才提出了以下要求。

（1）要具备广博的科学知识和管理技术，既需要掌握社会科学知识，包括经济学、管理学、社会学、心理学等各种学科的知识，又需要掌握高等数学、现代科学技术和电子计算机等自然科学方面的基本知识，并会熟练地使用电子计算机。

（2）要有卓越的组织指挥能力，要领导有方，工作效率高；要有较强的逻辑思考能力和分析判断能力，能够准确把握时机，决策果断；要有知人善任的能力，要善于发现人才、培养人才、团结人才、使用人才，调动一切工作人员的积极性。

（3）要有改革创新的精神，要有丰富的想象力、坚韧不拔的勇气和勇往直前的气魄。

以上五个方面的现代化构成了一个相辅相成、互相衔接的有机整体，其中管理思想是基础，管理组织是保证，管理方法与手段是途径，管理人才是条件。

三、实现经济管理现代化的基本途径

（一）坚持从实际出发的原则

从实际出发就是从我国的国情出发 —— 土地辽阔、资源丰富、人口众多，但人才缺乏、资金不足、技术落后、管理水平低。这就决定了我国不可能在很短时间内整体达到发达国家的水平，必须经过长期艰苦的努力。在一定时期内，管理的手工式、机械化、半自动化、自动化并存是必然的。随着时间的推移，自动化的比重将会逐步增大。

在此情况下，要加快经济管理现代化的进程，一方面，必须加强对管理现代化工作的领导，做好总体规划。如果没有总体的设计和规划，工作往往会具有盲目性。因此，无论是国家，还是部门和企业，对各自系统的经济管理现代化问题，都应该经过切实研究讨论，制订符合实际的总体方案，以便统筹规划，统一步骤，逐步实现。比如，计算机要发挥作用，需要与一系列条件相联系，这些条件包括整个经济发展水平、终端设备的研制、通信系统的建立、软件的配置、科学管理的结构、生产与管理人员的素质等。如果不对这些因素进行综合分析，统筹规划，即使引进单机，也很难发挥出现代化管理工具的作用。

另一方面，要做好管理的各项基础工作。因为管理的基础工作是发挥管理职能，进行各项专业管理的前提条件。基础工作既有被动的服务功能，又有能动的推动功能。它的生命力在于准确地反映实际，能动地指导实际。经济管理的基础工作有很多，主要有：①标准化工作，包括技术标准和管理标准；②定额工作，主要是劳动定额、物资定额、资金定额；③计量工作，包括计量检定、测试、化验分析等；④信息工作，包括原始凭证、原始记录、统计分析、经济技术情报、科技档案等；⑤责任制度，如领导人员任期目标责任制、各职能机构和职能人员的责任制、工人岗位责任制以及考勤制、奖惩制、文明生产制度等。这些基础性工作是涉及面广、量大的科学性极强的工作，而且是先行性工作。如果这些工作做不好，管理现代化就举步维艰。如果数据不准确、不完整，经过计算机输出的结果就会不科学，"输入的是垃圾，输出的也只能是垃圾"。为了实现管理工作的现代化，必须努力实现管理基础工作的科学化、管理业务的标准化、报表文件的统一化、工作程序的规范化。

（二）坚持"两条腿"走路的方针

对现代化管理人才提出的要求，概括起来有两个方面的内容：一是量的要求。社会需要大量合格的管理人才，管理者要成为内行、专家。二是质的要求。既要有一定的专业技术，又要通晓管理知识；既有一定的分析问题、解决问题的能力，也要有相当的组织能力。因此，现代化管理人才应该是"软""硬"技术兼有的管理上的专家，技术上的内行。根据中国的现状，要实现管理人才现代化，必须坚持"两条腿走路"的方针。"一条腿"是做好管理人才的培养、培训和开发工作。主要包括：增加对管理院校系科的智力投资，加大培养管理专业人才的力度；学生来源应由过去单一的"连续型"教育转变为"连续型"与"回炉型"教育兼有；管理学科的一部分本科生和大部分的硕士生应从有管理实践经验的管理干部或后备领导人选中招收；做好在职管理干部的培训工作，重点要做好管理干部的培训、轮训制度的制定和落实，以保证第一线的管理干部能够定期、不定期地学习新的管理知识，使学技术出身的"硬"专家在走上领导岗位之后，能进行必要的"软化"；有条件的部门或大型企业（集团）应该以高等管理院校为依托，建立经济管理干部培训中心，使各项培训工作落到实处。"另一条腿"就是进一步研究和探索领导班子结构优化的问题。领导班子中的每一个成员的年龄、专业、能力、气质、性格等都是各有特点、各不相同的。每一个成员在各个方面的各种特点，在管理者团体中所占的比例和相互之间的关系形成了领导班子的结构。管理者团体现代化，就是指领导班子的现代化，即领导班子结构与管理现代化对领导班子所提出的要求不断相适应的过程。这一现代化的过程，完整地体现在领导班子结构的优化上。所谓领导班子结构优化，指领导班子中的成员在年龄、专业、气质、性格、能力等方面最为合理、有效，最能适应现代管理要求的组合。这种以整体功能最佳为目标，以取各成员之长，避各成员之短为原则建立的通才型领导团体，易于适应内外部环境的变化，便于形成合力并做出正确的战略决策。通过实现领导班子结构优化，来实现管理者团体的现代化，可以加快实现管理现代化的步伐。

（三）坚持"一学二改三创造"的原则

任何一个国家、一个民族都有所长有所短，应该取人所长，补己所短。历史证明，拒绝接受外国先进文化的国家和民族是不能发展进步的。因此，我们在认识发扬自己优良传统的同时，必须下大决心、用大气力学习当代世界各国的先进管理经验及其他有益文化。坚持"一学二改三创造"的原则，首先是认真学，其次是结合我国的实际情况加以改造，最后还应在学习的基础上大胆创新，做到"青出于蓝而胜于蓝"。切记一切照抄照搬外国的做法是从来不会成功的。

第二章

经济管理的宏观视角

第一节　宏观经济管理

一、宏观经济管理的必要性

（一）宏观经济管理的概念

经济运行按其主体和层次的不同可以分为微观经济与宏观经济。微观经济是指单个经济单位，如个别企业和消费者的经济行为及其相应的经济变量；宏观经济是指一个国家社会范围内的经济关系或整个国民经济活动以及相应的经济变量。与之相适应，经济管理也分为微观经济管理与宏观经济管理。

宏观经济管理是政府及其管理机构代表全体人民的意志和利益，遵循客观经济规律要求，为实现预期的发展目标，采取经济的、法律的、行政的手段和措施，对国民经济的总体运行和相应的经济总量变化进行计划、组织、指挥、协调、监督和控制的管理过程。简而言之，宏观经济管理就是政府对整个国民经济进行的全局性的和综合性的管理。

宏观经济管理的主体是政府。首先，政府具有宏观管理的政治权威。作为宏观经济管理主体的广义的政府是一个集行政、司法和立法等多种机构为一体的政府，它最能集中体现各阶层和各方面的利益，并能以制度、法律和行政等手段来支持和维护其管理。其次，只有政府才能承担国家管理经济的职能。随着生产力的发展和生产的日益社会化，特别是分工的不断深化，各种经济联系日趋复杂化，社会再生产的矛盾和社会各方面利益的冲突进一步加剧，使得国家产生了干预调节经济的职能，国家的经济职能只能通过政府的相应职能机构来贯彻实施。现代市场经济条件下，国家的基本经济职能是：①制定和维护产权制度；②规范市场秩序；③提供公共产品；④干预调控社会经济；⑤制定促进社会公平的分配和再分配制度。最后，只有政府才有可能从总体上反映国民经济总量运行的客观要求，并具有调控宏观经济运行的能力。政府不仅有相应的宏观管理机构，而且掌握着国家财政、金融体系，控制着国家雄厚的国有资产和资源，建立了信息网络和数据处理中心等。这些都是政府实行宏观经济管理的重要保证。

宏观经济管理的对象是国民经济总体及其运行过程。与微观经济管理的对象是企业的生产经营活动不同，宏观经济管理涉及的是整个国民经济的可持续发展，经济总量的平衡和经济结构的优化、升级，区域经济的合理布局和协调发展，国土资源的合理开发、有效利用和生态环境的改善等一系列关系全局的重大问题。宏观经济管理，就是通过适当的手段和途径，全面提高国民经济的综合素质和运行效率，促进国民经济快速、健康增长，提高综合国力和国际竞争力。

（二）我国宏观经济管理的特征

宏观经济管理是生产社会化的客观要求，当今世界上所有市场经济国家都实行着程度不同的宏观经济管理，但是，社会主义市场经济国家同资本主义市场经济国家所实行的宏观经济管理，在管理目的、管理手段等方面有本质区别。同时，宏观经济管理与微观经济管理相比，也有许多不同之处。我国宏观经济管理具有以下特征。

1. 管理主体的行政性

从宏观经济管理的基本概念中可以看出，宏观经济管理的主体是国家各级政府，其实质是国家各级政府凭借行政权力，按照行政隶属关系对宏观经济总体及其运行所进行的行政性的管理。在我国的宏观经济管理中，各级政府存在着"统一领导，分级管理"的关系。中央政府是最高的管理权力机构，负责对整个国民经济和社会发展做出全面、系统的规划和安排，中央政府制定的各项宏观经济管理的方针政策，地方各级政府必须贯彻落实。同时，地方政府也拥有一定的管理地方宏观经济活动的自主权，但必须以服从中央政府的统一管理为前提。

2. 管理客体的总体性

客体是指主体以外的客观事物，是主体认识和实践的对象。与主体相对应，管理客体是指能够为管理主体所认识、影响和控制的客观事物。如前所述，宏观经济管理的对象是一定范围内的经济总体及其运行。经济总体是由各个经济个体所组成的整体，也就是说，宏观经济总量的变化最终要取决于微观经济活动的个量变化，微观经济活动的总和构成了宏观经济运动，但经济总量又不是微观经济个量的简单相加，关于这一点，马克思在《资本论》中说得很清楚。马克思认为，个别资本运动的总和构成了社会资本运动。当然，在这里，社会资本的运动绝不是个别资本运动的简单相加。这就是说，经济总体与经济个体有着不同的运行规律，管理时也应采用不同的方式方法。进行宏观经济管理时必须树立整体的观念、全局的观念，所关注的始终是通过市场反映的经济总量，而不是微观主体的个别经济行为。

3. 管理方式的间接性

以直接控制为主对整个国民经济实行管理，是计划经济体制特有的管理方式。市场经济条件下的宏观经济管理，主要采用的管理方式不是直接管理，而是间接调控，间接调控主要是针对微观经济基础而言的，国家不下达更多的指令性计划，不去规定和指挥企业应当生产什么和如何进行生产。对于微观经济个体组织的生产经营活动，国家并不直接进行干涉，而主要是运用经济手段、法律手段和必要的行政手段，引导企业做出符合国家宏观经济发展目标的决策和选择，从而实现国民经济的总量平衡。宏观经济管理方式的间接性指的是一般情况下以间接管理为主要方式，并不排除国家对某些特殊行业和特殊企业实行直接管理，也不排除在必要时对经济总体的运行实行直接管理和直接控制的可能性。

4. 管理目的的全局性

所谓全局性，就是指宏观经济管理要从国民经济全局利益出发，维护国民经济全局的利益，使各局部利益服从于全局的利益。

在市场经济条件下，利益主体是多元化的，各利益主体本能地追求自身的利益并把自身利益置于第一位是极为正常的事。在现实经济生活中，各利益主体的自发经济活动，有的是和全局利益相一致的，也有的会和全局利益产生矛盾。这种局部利益和全局利益相矛盾的情况并不少见，解决这类矛盾，只能依靠宏观经济管理。当然，宏观经济管理在维护国家整体利益的同时，并不忽视局部利益和个体利益，而是要从整个国民经济发展的全局出发，妥善地协调和处理国家利益、局部利益和个体利益之间的关系，要兼顾各方面的利益，使它们达到有机的统一。宏观经济管理能够根据国民经济全局利益的要求，运用经济手段和法律手段，引导各利益主体的经济活动，使之符合国民经济发展的要求，同时限制危害国民经济全局利益的经济行为。

（三）加强宏观经济管理的必要性

1. 加强宏观经济管理是社会化大生产的客观要求

社会主义生产是建立在大机器工业上的社会化大生产。在社会化大生产的条件下，生产规模日益扩大，社会分工和协作日益复杂，生产社会化的推进使社会生产、流通、分配和消费在全社会范围内形成了紧密的联系，使整个国民经济成为一个有机的整体，因此，社会生产的联系、交换和协调就有了特别重要的意义。生产社会化是现代化大生产发展的必然趋势，随着社会生产力的发展，生产社会化的程度将越来越高。

生产社会化是指由分散的、孤立的、小规模的个体生产转变为集中的、相互联系的、大规模的社会生产的过程。生产社会化是社会生产力和社会分工日益发展的必然趋势。生产社会化的特点主要表现在：①生产过程由过去分散的、孤立的过程变为由许多人既分工明确又相互协作、共同进行的社会化的生产过程；

②生产资料由只供个人家庭使用变为许多人共同使用的社会化生产资料；③产品由个人的产品变为社会的产品；④各个企业和各个部门之间的分工和专业化不断发展，它们之间的相互依赖和相互制约的协作关系更加密切；⑤生产规模的扩大和社会分工的发展，促进了生产的商品化，使过去分散狭小的地方市场变为全国统一的市场，进而突破国家和民族的界限，发展成为世界市场。

宏观经济管理的必然性在于生产的社会化导致的社会分工和协作关系的发展。在社会化大生产条件下，社会分工越专业化、越细密、越广泛，所要求的协作和相互依赖关系就越密切、越不可分割。这就需要对社会经济活动的各个方面、各个部门、各个地区以及社会生产的各个环节进行计划、组织、指挥和协调，因而客观上要求对国民经济进行统一管理，要求协助宏观管理系统来调节社会生产的各个方面和各个环节，以保持整个国民经济活动协调一致地运行。特别是随着生产社会化的发展，生产规模日益扩大，分工和协作关系不断深化，国民经济活动就更加离不开宏观经济管理。

2. 加强宏观经济管理是维护公有制主体地位的必要保证

社会主义市场经济的一个重要特征，就是坚持以公有制为主体，多种所有制经济共同发展的基本经济制度，这种经济制度是坚持国家社会主义性质的经济基础，这种制度要求：①公有资产在社会总资产中要占优势；②国有经济控制国民经济命脉；③国有经济对经济发展起主导作用。这种特殊的经济制度决定了我国政府宏观经济管理的职能可以国家政权代表的身份行使，也可以公有制特别是国有生产资料所有者代表的身份行使。在我国，国有企业是社会主义公有制的主要成分，经过几十年坚苦卓绝的努力，我国已经积累了相当雄厚的国有资产，为社会主义市场经济的建立奠定了强大的物质基础。自改革开放以来，政府管理经济的职能在逐步转变，对国有企业也进行了一系列的改革。在政企职责分开，所有权与经营权适当分离的情况下，政府把国有企业推向市场，对国有企业，虽然不直接插手经营，但仍然要以生产资料所有者的身份进行必要的管理，对关系国计民生的一些特殊国有企业的重大经营决策，国家还是要进行必要的指导和干预。

从整体上来说，国家不允许国有资产在盲目的市场竞争中削弱或流失。只有强化宏观经济管理，才能确保国有资产保值增值，确保国有经济真正成为市场主体。只有不断发展壮大国有经济，才能更好地发挥国有经济对国民经济的导向作用和对经济运行整体态势的控制力。只有保持强大的、有活力的公有制经济在整个国民经济中的主体地位，才能保证国家的社会主义方向，防止两极分化，最终实现共同富裕。

3. 加强宏观经济管理可以弥补市场调节的缺陷

无论哪种社会制度的经济建设，都存在资源配置的问题。市场机制在资源配置中的作用被称为"看不见的手"，它是指企业在追逐自身利益即利润最大化目标的情况下，通过市场上的价格机制和竞争机制的作用，能使资源得到有效配置，市场也是资源配置的一种方式。但是，从西方国家市场经济的发展进程中可以看出，国民经济的运行和发展单靠市场的自发调节是远远不够的，它往往会造成经济运行的短期性、波动性和盲目性，如果任其自行发展，必然会导致周期性的严重经济危机，造成社会经济的巨大损失。市场调节存在着缺陷，这已经成为人们的共识。我国的社会主义市场经济同样具有一般市场经济的共性特征，所以，为了有效地发挥市场对资源配置的基础性作用，减少经济运行中的盲目性和自发性，节约社会劳动和社会资源，必须以国家为主体，对经济的整体运行实行宏观经济管理。事实上，当今世界各资本主义市场经济国家无一例外地实行了宏观经济管理。如果说它们之间有什么差别，也只是在管理的方式和管理的程度上有所不同。可以说，现代市场经济都是有宏观经济管理的市场经济。

同时，依靠市场对资源进行配置，只有在微观经济领域才能显示出其有效性，而其在宏观经济领域中的许多方面是无能为力的。许多重大的经济问题，如社会总供给与社会总需求的严重失衡引起的经济萎缩、失业人数增加或严重的通货膨胀问题；经济与社会协调发展的目标和发展战略问题；各经济利益主体之间的配合和利益协调问题；社会基础设施建设和公益事业的发展问题，限制垄断和防止严重的两极分化问题；等等，市场机制都是无法解决的，必须依靠政府的宏观经济管理。

二、宏观经济管理的内容与任务

（一）宏观经济管理的内容

1. 宏观经济管理是对社会再生产总体运行过程的管理

社会经济运行过程实际上就是社会再生产的运动过程。从这个意义上说，经济管理也就是对社会再生产总体运行过程的管理。

（1）社会再生产是一个有机的统一体。社会再生产过程是由生产、分配、交换、消费四个环节组成的。生产是社会再生产的起点，消费是社会再生产的终点，分配和交换是生产和消费的中间环节。社会再生产四个环节不是彼此孤立的，而是相互依存、相互制约的，它们共同构成一个有机的统一体。在生产、分配、交换和消费的关系上，消费是由生产、分配、交换决定的，反过来，消费又对生产、分配、交换产生重要作用。生产、分配、交换的对象、规模、结构和方式决定着消费的对象、规模、结构和方式，并创造出消费的动力，消费对生产的作用表现为它能使作为生产要素的劳动力被再生产出来，消费对分配的作用表现为分配得以最终实现，消费对交换的作用表现为使交换最终完成，并促进交换范围的扩大。在生产和消费的关系上，一方面，生产决定消费的对象、消费的方式和消费的动力；另一方面，通过消费才能使产品成为现实的产品，消费又创造出生产的动力。在生产和分配的关系上，一方面，生产决定分配，表现为生产为分配提供了对象即用于分配的产品，人们参与生产的方式决定了分配的方式；另一方面，分配决定着生产，生产资料的分配决定着生产结构，产品的分配反作用于生产。在生产与交换的关系上，一方面，无论是生产过程内的交换，还是产品的交换，都是由生产决定的，生产的性质和分工发展的深度、广度决定了交换的性质、深度和广度；另一方面，交换反作用于生产，交换的发展、市场的扩大，能够促进生产的进一步发展。

（2）宏观经济管理与社会再生产的正常运行。社会再生产要顺利经过生产、分配、交换、消费四个环节，并循环往复，不断运动，必须具备一定的条件。这个条件是再生产的各个环节、各个方面所要求的比例关系必须相互协调。在社会再生产过程中存在的这些错综复杂、千变万化的各种比例关系，特别是一些关系社会再生产总体运行的重大比例关系，如果单靠市场机制的自发调节，显然是要付出诸如经济剧烈波动、资源极大浪费等沉重代价的。因此，社会再生产的正常运行，离不开政府的宏观经济管理。宏观经济管理的任务主要是调节和控制涉及社会再生产总体运行的全局性、战略性的各种比例关系，使它们相互协调。例如，社会总供给与总需求的比例、生产资料生产与消费资料生产的比例、不同产业之间的比例、投资与消费的比例、固定资产投资与生产要素供给的比例、各地区间的比例等。这些比例关系协调好了，社会再生产的各个环节之间就能够相互衔接，整个国民经济也就能按比例顺利地发展。

（3）宏观经济管理的经济内容。宏观经济管理就是要在国民经济全局范围内实现社会总需求与社会资源总供给的增长相适应，使现有的资源获得最有效、最合理的利用，实现最佳的经济效益和社会效益，使社会再生产的规模和能力逐步扩大和增强，使人民群众日益增长的物质和文化需要得到更好满足。其具体内容主要包括：社会总需求与社会总供给的总量平衡和结构平衡；经济增长速度和经济效益；固定资产投资的规模、结构和效益；产业结构的合理化和升级；消费基金的规模、结构和水平；进出口总额和国际收支的平衡；国民收入的分配和再分配；生产布局和地区协作等。从推进社会主义市场经济体制改革的角度看，宏观经济管理的任务有：培育和完善包括劳动、资本、技术、土地等生产要素市场在内的社会主义市场体系；维护产权，规范市场秩序，保证公平竞争；调节分配，促进效率与公平；推进现代企业制度建设；完善社会保障制度；整治国土，保护环境和维护生态平衡等。宏观经济管理的内容，除了包括经济发展的内容，还包括科学技术和社会事业发展的内容，因为经济不可能脱离科技和社会事业而孤立发展，因此，科技和社会事业发展也是宏观经济管理的重要内容。

2. 宏观经济管理是对经济、科技和社会协调发展的管理

社会经济运行过程是经济、科技与社会事业相互依存、相互促进、三位一体地协调运行的过程。从这个意义上说，宏观经济管理必须对经济科技与社会事业发展进行统筹规划，协调安排。为此，应对经济、科技与社会事业发展及其相互关系有一个总体的认识。

（1）科学技术与经济社会发展的相互关系。当代科学技术突飞猛进，直接地表现为一种现实的、巨大的生产力，关系着生产建设发展的深度和广度，成为经济发展中具有决定意义的因素之一。经济建设和社会发展所面临的许多重大问题的解决，都有赖于科学技术的发展和突破。21世纪是高科技发展的世纪，高新技术的不断突破，必将把整个经济社会发展推进到一个新的阶段。同时，科技的发展也以一定的经济和社会发展为基础。发展科技要靠长期的，大量的人力、物力、财力的投入。没有经济实力的支撑，教育事业的发展及人才的培养、科技事业的进步是难以实现的。因此，一方面，科学技术的发展必须面向经济建设，考虑如何实现经济和社会发展的目标；另一方面，科技发展的方向、目标、重点以及规模和速度都必须同经济实力和社会发展状况相适应。

（2）社会事业发展与经济发展的相互关系。从广义上说，社会是指由一定生产关系规定的人们在一定物质生产活动基础上所形成的相互联系的有机整体；社会发展则是指经济发展、政治发展、科技与教育发展以及人自身的发展等方面的综合。从狭义而言，社会发展则是指非经济的发展，包括与经济发展有间接联系的物质和非物质的交换、分配和消费活动的发展，如劳动力就业，人口数量增长和人口质量提高，社会保障体系建设，城市住宅和公用事业发展，环境保护，国土资源开发与整治，人民生活水平提高等，还包括文化、体育、教育、卫生事业的发展，人类精神生活的丰富，人自身的全面发展以及政治制度的进步等。这里所讲的社会发展是指狭义的社会发展。在一定意义上可以说，科技发展也是社会发展的一部分，但通常将它作为一个单独的部分来研究。

一般说来，社会活动是起源于经济活动的。经济活动是各项社会活动的源泉，社会活动是经济活动的派生物。但是，社会活动也存在着自身独特的发展规律，总是对经济活动产生一定的影响。由于社会发展与经济发展之间在客观上存在着内在的联系，一国的社会事业发展的规模和速度必须同其经济发展状况相适应，既要考虑不超过经济发展水平，也不能忽视社会事业的落后对经济发展造成的不良影响。

（二）宏观经济管理的基本任务

政府对宏观经济的统一管理，是从全社会共同利益和国家长远利益出发，根据经济规律和市场经济运行机制的要求，对国民经济总体进行的计划、组织、指挥、协调、监督和控制。宏观经济管理的任务包括：制定经济社会发展战略和计划，维护产权制度和对国有资产进行管理，对整个国民经济进行宏观调节和控制，规范市场运行秩序，调整社会分配结构和完善社会保障体系，提供公共物品，保护环境，维护生态平衡，促进国民经济持续、快速、有序、健康发展和整个社会经济效益的全面提高，等等。在宏观经济管理的这些任务中，对国民经济总量的调控，即实现社会总供给和总需求在量和结构上的基本平衡，并在此基础上努力促进国民经济的持续、快速、有序和健康发展是宏观经济管理最基本的任务。因此，在宏观经济运行的诸多矛盾中，如社会发展与经济发展的矛盾、工业与农业的矛盾、积累与消费的矛盾、经济发展与资源环境保护的矛盾、效率与公平的矛盾等，有一对基本的和主要的矛盾，即经济总量平衡与不平衡的矛盾，它贯穿于宏观经济领域所有的矛盾之中。这一矛盾无论是在传统的计划经济体制下还是在社会主义的市场经济体制下，都是存在的。在社会主义市场经济体制下，它有时还会表现得更明显、更突出。宏观经济管理只有牢牢抓住这一基本的、主要的矛盾，才能把整个国民经济链条带动起来。所以，正确处理宏观经济总量的平衡问题，努力实现宏观经济的基本平衡，并且在此基础上促进国民经济的持续、快速、有序和健康发展，便成了宏观经济管理的两项最基本的任务。

1. 保持经济总量的基本平衡

总量问题是宏观经济运行最基本的问题，在宏观经济运行中所指的经济总量平衡，主要是指社会总供给与社会总需求之间的平衡。

由于社会总供给与社会总需求这两个经济总量是宏观经济各种比例关系的综合反映，它们的平衡状况直接影响整个宏观经济的运行状况。因此，保持总量平衡是宏观经济管理的首要任务。

保持经济总量的基本平衡，是指保持社会总供给与社会总需求之间的大体平衡，防止和避免出现需求不足、生产过剩、市场疲软或需求膨胀、经济过热、通货膨胀这两种不正常现象，这是保证国民经济持续、快速、健康发展的前提条件，也是保持微观企业的生产经营能够有序进行的重要外部条件，在保持总量平衡方面，宏观经济管理的基本作用是"反经济周期"，即尽量减弱和避免经济运行中的周期性震荡。一般来说，当经济出现过热的征兆时，政府应及时干预总需求，使投资和消费不致过旺；当经济出现滑坡时，政府应设法刺激总需求，增加投资和消费，以此来维持社会总供求之间的大体平衡。保持宏观经济运行的总体平衡，主要包括以下几个方面的内容。

（1）努力保持社会总供给与社会总需求的基本平衡。社会总供给与社会总需求的基本平衡是国民经济快速、健康发展的前提，是理论与实际工作者追求的目标。如果总需求与总供给不平衡，市场价格就会偏离价值规律运行的轨道，就不能正确指示社会资源的稀缺状况和程度，不能正确反映供求关系的变化，从而导致市场机制失灵和经济运行不正常。1997年以来，我国先后采取了一系列增加投资、刺激消费、拉动需求的宏观经济政策，以促使社会总供给与总需求的基本平衡，保持整个国民经济的正常运行。可见，保持社会总供给与社会总需求的基本平衡，乃是宏观经济管理的首要任务。

（2）保持生产结构与需求结构相适应。国民经济总量的平衡与国民经济各种结构的平衡是总供给与总需求平衡相互联系、相互制约的两个方面。总量平衡是结构平衡的前提，总量一旦失衡，必然引起结构的紊乱；结构平衡又是总量平衡的基础，结构一旦失衡，也必然表现为总量平衡的破坏。结构平衡的实质是产业结构、产品结构同需求结构相适应。虽然需求结构是随着生产力的发展而变化的，但在一定生产力水平之上的社会需求结构是基本稳定的。所以，在通常情况下，总需求结构决定生产结构，而不是相反，因而不能强制地让需求结构适应生产结构。可见，在供给与需求的结构矛盾中，矛盾的主要方面是供给结构即生产结构。要根据社会经济的发展以及科学技术的进步来不断地调整产业结构、产品结构，以适应人民日益增长的物质文化需要，适应国内外市场变化的需求。

（3）努力做到价值平衡与实物平衡相统一。在社会主义市场经济条件下，社会总供给与总需求平衡的内容除实物产品的供求平衡外，还包括劳务或服务的供求平衡，而劳务供求只能用价值指标来衡量，这也表明市场经济中经济总量的平衡首先必须是价值平衡，实物平衡不能反映非物质生产部门即第三产业的发展状况。即使是物质生产部门，由于各种产品的使用价值千差万别和量上的不可通约性，也要求把价值平衡作为经济总量平衡的基础。但是，总供给与总需求的价值平衡，又离不开实物平衡；单纯强调价值平衡，必然会引起结构的失衡；片面强调实物平衡，必然会引起总量的失衡。因此，要把价值平衡与实物平衡很好地统一起来，要通过价值平衡来引导实物平衡，通过实物平衡来改善结构平衡，并最终使国民经济中总供给与总需求的平衡在总量与结构上达到统一。

2. 促进经济结构的优化

搞好宏观经济的基本平衡，抓住国民经济的主要矛盾进行宏观经济管理，其目的就是要保证和促使整个国民经济能够持续、快速、健康发展，要以经济总量的基本平衡为条件，其过程，实质上是经济结构不断调整和优化的过程。这里所讲的经济结构，主要包括产业结构、产品结构、技术结构、企业组织结构。资源优化配置的客观要求，是国民经济整体素质提高和实现经济结构的优化，是宏观经济管理的一项长期任务。结构优化的实质是要求资源配置合理化，保持不同产业和部门适当地投入产出，彼此间形成最佳组合的比例关系，使各种资源相互作用形成合力，使组合在一起的资源能够创造出最好的经济效益，并通过市场机制的作用转化成价值形式，推动和促进国民经济协调发展。实践证明，通过价格等市场机制的引导，通过有效的市场竞争，可以使社会资源在产业间、产业内得到不断优化。但市场机制对资源配置也存在着局限性，单独依靠市场机制进行资源配置，某些重要的基础产业就会在相当长时期内因投资起点高、利润诱导不足等原因而得不到应有的发展。宏观经济管理的任务就是要从国民经济发展的根本需要出发，制定和实施正确的经济政策，依靠科技进步，强化应用技术的开发和推广，促进科技成果向现实生产力转化，不断提高经济增长中的科技含量，政府要在优化产业结构和产品结构、提高劳动者素质、推动科技进步等方面下大功夫，采取综合配套的政策和措施，限制粗放经营，鼓励集约经营，适度倾斜地配置资源，有重点地协调产业结构并对骨干产业和支柱产业等给予倾斜式的支持以促进其发展。

促进经济结构的优化，主要包括以下几个方面。

（1）要力求国民经济持续发展。所谓持续发展，是指经济的发展要与社会、资源、环境的发展相协调、相一致，即经济的有效增长既要建立在社会体制创新、技术进步和有利于社会公平的基础上，又要与资源的可利用能力、环境的可承载能力和整个生态环境的改善相适应。促使国民经济的可持续发展，要求尊重自然的、社会的、经济的客观规律，能动地调控"自然—社会—经济"这一复合系统，在不超越资源与环境承载能力的条件下，保持经济的持续发展，既能保证人们的生活质量不断提高，又能保持资源永续利用和生态环境不断改善；既满足当代人的需求，又不损害后代人满足其需求的能力。同时，经济的持续发展还应该避免经济发展过程中的大起大落。在我国社会主义经济建设的历史上，经济发展曾出现过几次大起大落的情况，究其原因，主要是由于指导思想上"左"的错误和宏观经济管理的失误。不顾实际可能，不遵循客观规律，盲目大干快上，其结果往往是发展速度一时上去了，很快又不得不降下来。

（2）要力求国民经济快速发展。一般来说，提高经济效益是经济工作的核心内容，快速发展是经济工作的基本出发点和根本宗旨。社会主义要体现自身的优越性，就必须创造出比资本主义更高的经济增长速度。在具备条件时，应该抓住有利时机，加速发展经济，力争几年上一个新台阶。但是，要充分认识到，快速发展要与经济效益的提高相统一，不能不顾经济效益而片面地追求高速度。同时，快速发展要以比例协调为基础，离开了协调的比例关系，快速冒进只能导致经济大起大落。因此，保持国民经济的快速发展，必须正确处理好速度、效益和比例的关系。另外，还应注意，快速发展是一个相对概念，判断速度的高低不能以一两个年度的速度为依据。从一个发展时期来看，只有持续、稳定地发展，才能有真正的高速度。宏观经济管理的一个重要任务，就是要把快速发展建立在比例协调、效益比较好、经济持续稳定发展的基础上。

（3）要力求国民经济有序发展。所谓有序发展，是指整个国民经济有秩序地运行，消除了经济运行中的无序现象。一般说来，经济发展秩序是指在特定的生产方式下保证经济正常发展和有效运行的机制和规则，社会主义市场经济体制的形成、发展和确立的过程，也是社会主义市场经济秩序形成和完善的过程，两者是相伴而生的。国民经济持续、快速、健康地发展，有赖于完善的社会主义市场经济体制，所以，宏观经济管理要将建立和维护国民经济运行秩序作为一项重要任务。它主要包括运用法律、法规和行政管理来规范政府、企业和劳动者的行为，规范商品市场和资本、劳动力等生产要素市场运行的秩序以及规范市场公平竞争的规则等三方面内容。

（4）要力求国民经济健康发展。所谓健康发展，就是指经济运行中速度、比例、效益之间的关系，生产、积累和消费之间的关系，经济发展与社会发展之间的关系，资源合理利用和生态环境保护之间的关系都比较协调，国民经济中各地区、各部门、再生产各环节之间的结构都比较合理，宏观经济效益与微观经济效益之间达到比较完美的统一。只有在国民经济持续、稳定、协调、有序发展的基础上，才能实现国民经济健康发展的目标。

国民经济持续、快速、有序和健康地发展是一个完整统一的概念，反映了社会主义市场经济内在规律的根本要求。如果国民经济能够持续、稳定、协调地发展，那么，整个国民经济的发展速度也必然是快的。要保证整个国民经济持续、快速、健康地发展，必须自觉地维护社会主义市场经济的运行秩序，反之，若社会主义市场经济运行秩序没有建立起来，就不可能保持国民经济持续、稳定、协调的运行态势，快速发展也就无从谈起。能否实现国民经济的持续、快速、有序、健康发展，很大程度上取决于宏观经济管理工作的好坏。管理得当，就能实现；管理失误，就不能实现。可见宏观经济管理的好坏关系到整个国民经济能否快速发展，人民生活水平能否得到较快提高，社会主义现代化能否顺利实现。

（三）宏观经济管理的具体任务

宏观经济管理的基本任务，仅作一般的、基本的规定，它的具体内容在时限上有各自的侧重点。因此，还需要把基本任务分解、具体化，以便于操作。按宏观经济管理的实际进程分为短期、中期和长期的具体任务。

1. 短期任务

短期任务一般指年度任务。宏观经济处于运行过程中，各种经济矛盾最容易显露出来，比如，财政出现赤字、信用发生膨胀、重要物资供不应求、国际收支出现逆差等都会引起通货膨胀，经济过热；或者是相反情况，出现生产滑坡，市场疲软。无论发生哪种情况都必须及时解决。

短期宏观经济管理的侧重点，一般应放在总需求的调控方面，即通过必要的财政政策、货币政策及其他政策和措施来抑制或刺激消费需求和投资需求，进而调节总需求来适应既有的供给水平，以实现总供给与总需求的平衡。当出现需求不足时，政府的宏观调控应侧重于刺激总需求，以求在短期内解决需求不足带来的经济衰退和失业等问题；当出现需求过度时，政府的宏观调控就应侧重于抑制总需求，以尽快解决经济过热、通货膨胀和物价上涨等问题。

总供给和总需求的平衡是一个经常性、长期性的任务，只是它在短期任务中显得特别突出。

2. 中期任务

中期任务一般指五年规划的任务。五年规划是宏观经济管理的基本形式，它适合当前的生产力发展水平，许多重大的经济任务可以在五年内得到解决。

中期任务主要包括确定国民经济发展规模和速度，重要比例关系的安排，制定产业政策和调整产业结构，地区政策和生产力布局，确定固定资产投资规模和投资结构，对外贸易和技术经济合作，科学技术和教育事业发展，人民生活水平提高等。这些都是国民经济发展中的重大问题，它们相互联系、相互制约，要在综合平衡的基础上合理确定。

中期任务的突出矛盾是固定资产投资规模和投资结构的矛盾。固定资产投资规模直接关系到国民经济持续、快速、健康发展的方针，投资规模过大或过小都不好，长期以来的倾向是投资规模过大，影响经济持续稳定发展。在投资规模上，一定要坚持建设规模与国力相适应的原则。投资结构直接影响产业结构和地区布局的合理性，要遵循按比例发展规律的要求，根据国家的产业政策和地区政策确定投资结构，并进行有效的调整和调节，使国民经济协调发展。

3. 长期任务

长期任务是以十年或十年以上国民经济和社会发展规划的形式表现出来的。它是社会化大生产和社会再生产过程连续性的要求。长期任务包括国民经济和社会发展的战略目标、战略重点；国民经济结构的调整和整体技术的改造，基础工业、基础设施建设，农业现代化建设，地区均衡发展的推进，重大工程项目的布局，科学技术的发展方向，教育事业的发展以及人口规模控制、资源和生态环境的保护等。长期任务具有纲领性的特点，它涉及国民经济发展的方向、人民的长远利益，具有动员人民、组织人民的号召力，要十分重视长期战略任务的制定，但长期任务由于时间较长，不确定因素较多，不可能详细制定，只是纲领性、原则性的指导。长期任务要落实到中期任务和短期任务上，要使长、中、短期任务相互结合，形成长、中、短期任务体系。

第二节　经济发展模式与宏观管理目标

一、传统经济发展模式的基本特征及其运行轨迹

与经济体制模式相联系，我国的经济发展模式也经历了一个从传统模式向新模式的转变过程。为了把握新发展模式的基本内容和特征，需要从历史演变的角度，回顾传统经济发展模式及其转变过程。

（一）传统经济发展模式的基本特征

从中华人民共和国成立至党的十一届三中全会，这一时期的传统经济发展模式是利用超经济的强制力量，优先发展重工业，以数量扩张为主的内向型经济发展模式。

在四十多年的实践中，这种经济发展模式主要表现出以下几个基本特征。

1. 以高速度增长为主要目标

在这样一个发展模式中，经济增长速度一直处于中心地位。然而，这又是以赶超先进国家为中心而展开的。在这样一种以高速度增长为主要目标的赶超发展方针指引下，提高产量、产值的增长速度成为宏观经济管理的首要任务。

2. 以超经济的强制力量为手段

从战略指导思想来说，主张从建立和优先发展重工业入手，用重工业生产的生产资料逐步装备农业、轻工业和其他产业部门，随后逐步建立独立、完整的工

业体系和国民经济体系，并逐步改善人们的生活。在这一战略思想的引导下，一直把重工业，特别是重工业作为固定的经济建设重心，实行倾斜的超前发展。然而，在一个基本上是封闭自守的经济系统中，这种倾斜的超前发展基本上或者完全依靠国内积累的建设资金。由于重工业的优先发展需要大量资金，国家只好采取超经济的强制力量，以保证这种倾斜的超前发展。因此，这种倾斜的超前发展实质上是以农业、轻工业等产业部门的相对停滞为代价的。

3. 以高积累、高投入为背景

为了通过倾斜的超前发展，迅速建立和形成一个独立、完整的工业体系和国民经济体系，就需要有高积累、高投入，以便大批地建设新的项目。因此，经济发展是以外延扩大为基本方式的。在这样的发展模式下，大铺摊子、拉长基建战线、一哄而上、竞相扩展等现象成为必然。

4. 一种封闭式的内向型经济发展模式

虽然，在这一发展模式下也存在着一定的对外经济技术交流关系，但通过出口一部分初级产品和轻工业产品换回发展重工业所需的生产资料，最终目的是实现经济上的自给自足，而且这种对外经济关系被限制在一个极小的范围内。因此，从本质上说，这是一种封闭式的内向型经济发展模式。在这一发展模式下，经济的自给自足程度就成为衡量经济发展程度的重要标志。这种传统的经济发展模式是一定历史条件下的特定产物，有其深刻的历史背景。传统经济发展模式受其历史局限性和主观判断错误的影响，存在着自身固有的缺陷。

（二）传统发展模式下经济的超常规发展轨迹

为了全面考察传统发展模式，并对其做出科学的评价，需要进一步分析传统发展模式下经济发展的轨迹。从总体上说，在传统发展模式下，我国的经济发展经历了一个偏离世界性标准的进程，留下了超常规的发展轨迹，其主要表现在以下几个方面。

1. 总量增长与结构转换不同步

我国的结构转换滞后于总量增长，近年来，短缺与过剩并存已成为普遍现象，这种滞后制约了总量的均衡与增长。

2. 产业配置顺序超前发展

我国在产业配置顺序上的超前发展，比一般后发展国家更为显著。重工业的超前发展，导致了农业、轻工业和基础工业先天发育不足。因为，重工业的超前发展是基于超经济强制地约束农业经济的发展。农业劳动生产率增长缓慢的同时，重工业的超前发展严重损害了轻工业的发展。轻工业发展不足，使积累的主要来源的转换没有顺利实现，这不仅直接影响了农业承担积累主要来源的重大压力，而且未能完成满足资金密集型基础工业发展需要的历史任务。

3. 高积累、高投入与低效益、低产出相联系

在我国工业化体系初步建立以后，那些曾经塑造了我国工业化体系的条件，如低收入、高积累和重型产品结构等，却反过来成为束缚自身继续发展的因素，从而造成高积累、高投入与高效益、高产出的错位，使国民经济难以走上良性循环的轨道。

4. 农、轻、重之间的互相制约超乎寻常

在我国经济结构变动中，出现了农、轻、重之间形成强大的制约力，三者产值平分天下的僵持局面。不仅农业与工业之间的结构变动呈拉锯状，而且轻工业与重工业之间的结构变动也是反反复复。这种农、轻、重大结构的势均力敌状态，造成较多的摩擦，使各种经济关系难以协调。

除以上几个主要方面外，我国经济发展的超常规轨迹还表现在许多方面，如产业组织结构失衡，区域经济发展结构失衡，资源与生产能力错位，技术结构发展迟缓，中低技术繁衍等。这些都从不同侧面反映了传统发展模式下我国经济发展的特殊性。

二、新经济发展模式的选择

传统的经济发展模式虽然在特定的历史条件下起过积极的作用，但由于其本身的缺陷以及条件的变化，已造成了不少严重问题。因此，要对经济发展模式做出新的选择。新经济发展模式的选择，既要遵循经济发展的一般规律，又要充分考虑我国经济发展进程中的基本特征，同时还要正视面临的压力和挑战。

（一）我国经济发展进程的基本特征

从传统经济向现代经济转化，是一个世界性的历史过程，任何一个国家的经济发展都会受到支配这个进程的共同规律的影响，从而表现出具有统计意义的经济高速增长和变动的状态。但是，由于各国经济发展的历史背景和内外条件不同，在其经济发展进程中会出现差异，有时甚至是极大的偏差。因此，在把握经济发展共同规律的基础上，必须研究各国从传统经济向现代经济转化中的特殊性。

与其他国家相比，我国经济发展的历史背景和内外条件更为特殊，不仅与发达国家有明显的差别，而且与一般发展中国家也不相同。这就不可避免地使我国经济发展走出了一条与众不同的道路。我国经济发展进程中的基本特征，可以归纳为"三超"，即超后发展国家，超大国经济和超多劳动就业人口。

这三个基本特征，不仅构造了我国经济发展的基本性状，而且界定了选择经济发展战略的可能性空间，决定了我国经济发展的超常规轨迹。

（二）我国经济发展新阶段及其面临的挑战

除考虑到我国经济发展进程的基本特征外，还应该看到，经过四十年的努力，我国已基本实现了经济建设的第一步任务，解决了人们的温饱问题，我国的经济发展开始进入一个新阶段。

如果说过去的经济发展主要是以低层次消费的满足来推动的话，那么在这个新阶段，国民经济的增长就是以非必需品的增长为主要动因。这是经济发展过程中一个重大的质的变化。

但是，我国进入这个新成长阶段，与先行的发达国家不同，不是单靠自身获得的科学、技术和文化的进步来推动的，而是像许多发展中国家一样，不得不借助于外来的技术和知识，并受到外部消费模式的强烈影响。因此，在经济发展新阶段，我国将面临一系列新的问题和困难。

1. 非必需品的选择

非必需品在消费方面具有很大的选择空间和替代弹性，在生产方面，其不同的选择对资源约束、产业带动效应、就业弹性以及国民收入的增长有不同的影响。因此，一方面必须依靠非必需品的需求来推动经济的增长，另一方面又要避免这种需求完全脱离本国的资源条件与供给能力，对本国的产业发展与结构转换产生不利的影响。

2. 供给结构的调整

在这一阶段，以非必需品为主的消费结构的变动比较迅速，面对供给结构的长期超稳态却难以适应，从而形成严重的滞后发展现象。因此，国内结构性矛盾可能会升级。这样，就面临着大规模调整供给结构的艰巨任务。这种结构调整已经使产业结构合理化与高级化。

3. 劳动力市场的就业压力

在满足非必需品需求的结构变动中，还要考虑如何在严重的资源约束的情况下，实现众多劳动力的充分就业。因为，在这一新阶段，将有大批农业剩余劳动力转移出来要求加入其他产业部门，但同时又不可能特别加大制造业在国民经济结构中的比重。

4. 国际竞争的压力

随着对外开放的深入发展，外汇需求递增将成为必然现象，为缩小国际收支逆差，提高出口创汇能力成为重要问题。然而，我国以初级产品为主的出口结构正面临着世界市场初级产品需求减少，价格下降的严重挑战，出口竞争加剧，创汇能力减弱。

5. 新技术革命的冲突

正在蓬勃兴起的世界新技术革命日益强化着技术在经济发展中的作用，使发展中国家的劳动力资源优势逐步丧失。如果无视新技术革命对产业结构的冲击和对国民经济的影响，那么我国与世界的经济、技术差距将会进一步拉大。

（三）向新经济发展模式转变

尽管新经济发展模式不是对传统经济发展模式的彻底否定，而是对其的扬弃，但两者之间仍存在着本质的区别。

1. 经济模式转变

传统经济发展模式向新经济发展模式的转变，是一种革命性的转变，历史性的转变。具体来说，有以下几个方面的本质性转变：①发展目标的转变，即由以单纯赶超发达国家生产力水平为目标转变为以不断改善人们生活，由温饱型向小康型过渡为目标；②发展重心的转变，即由追求产值产量的增长转变为注重经济效益，增长要服从经济效益的提高；③发展策略的转变，即由超前的倾斜发展转变为有重点的协调发展，在理顺关系的基础上突出重点；④发展手段的转变，即由以外延型生产为主转变为以内涵型生产为主，提高产品质量，讲究产品适销对路；⑤发展方式的转变，即由波动性增长转变为稳定增长，稳中求进，尽量避免大起大落，反复无常。

2. 经济体制改革

这种经济发展模式转变的实现，从根本上说，有赖于经济体制改革的成功。传统的经济体制不可能保证新经济发展模式的实现，所以经济体制模式的转变是实现新经济发展模式的根本保证。在此基础上，建立新的经济发展模式要着力于以下几个方面：①要对国民经济进行较大的调整；②要确立新的经济理论、思想观念和政策主张；③要端正政府和企业的经济行为。

三、新经济发展模式下的宏观管理目标

从一般意义上说，宏观管理目标是由充分就业、经济增长、经济稳定、国际收支平衡、资源合理配置、收入公平分配等目标构成的完整体系。但在不同的经济发展模式下，宏观管理目标的组合、重点以及协调方式是不同的。因此，随着传统经济发展模式向新经济发展模式的转变，宏观管理目标的性质也会发生重大变化。

（一）宏观管理目标之间的交替关系

宏观管理目标之间存在着固定的关联。这种关联有两种类型：一种是互补关系，即一种目标的实现能促进另一种目标的实现；另一种是交替关系，即一种目标的实现对另一种目标的实现起排斥作用。在宏观经济管理中，许多矛盾与困难往往就是由这种目标之间的交替关系引起的。这种目标之间的交替关系主要有以下几种。

1. 经济增长和物价稳定之间的交替关系

为了使经济增长，就要鼓励投资，而为了鼓励投资，一是维持较低的利息率

水平；二是降低实际工资率，使投资者有较高的预期利润率。前者会引起信贷膨胀，货币流通量增大；后者需要刺激物价上涨。

在供给变动缓慢的条件下，经济增长又会扩大对投资品和消费品的总需求，由此带动物价上涨。在各部门经济增长不平衡的情况下，即使总供求关系基本平衡，个别市场的供不应求也会产生连锁反应，带动物价上涨。

然而，要稳定物价，就要实行紧缩性财政政策，这又必然会制约经济增长。因此，在充分就业的条件下，经济增长目标与稳定物价目标存在着相互排斥的关系。

2. 经济效率与经济平等之间的交替关系

经济效率目标要求个人收入的多少以经济效率高低为转移，从而要求拉开收入差距。同样，它也要求投资收益的多少以经济效率高低为转移，以此来刺激投资与提高投资效益。然而，经济平等目标要求缩小贫富收入差距，这样社会的经济效率就会下降。同样，忽视投资收益的差距，使利润率降低，就会削弱投资意向，难以实现资源配置的优化。

因此，经济效率与经济平等（收入均等化）不可能兼而有之。在一定限度内，强调平等，就要牺牲一些效率；强调效率，就要拉开收入的差距。

3. 国内均衡与国际均衡之间的交替关系

这里的国内均衡主要是指充分就业和物价稳定，而国际均衡主要是指国际收支平衡。充分就业意味着工资率的提高和国内收入水平的上升，其结果是一方面较高的工资成本不利于本国产品在国际市场上的竞争，从而不利于国际收支平衡；另一方面对商品的需求增加，在物价稳定的条件下，不仅使商品进口增加，而且使出口减少，把原来准备满足国外市场需求的产品转用于满足国内扩大了的需求，于是国际收支趋于恶化。

实现国际收支平衡目标，一方面，意味着外汇储备增加，外汇储备增加意味着国内货币量增加，这会造成通货膨胀压力，从而不利于物价稳定；另一方面，消除国际收支赤字需要实行紧缩性财政政策，抑制国内的有效需求，从而不利于充分就业目标的实现。

宏观管理目标之间的交替关系决定了决策者必须对各种目标进行价值判断，权衡其轻重缓急，斟酌其利弊得失，确定各个目标数值的大小，确定各种目标的实施顺序，并尽量协调各个目标之间的关系，使所确定的宏观管理目标体系成为一个协调的有机整体。

（二）新经济发展模式下宏观管理目标的转变

决策者是依据什么来对各种具有交替关系的目标进行价值判断，权衡轻重缓急，斟酌利弊得失，使其形成一个有机整体的呢？其中最重要的依据，就是经济发展模式。

从这个意义上说，经济发展模式决定了宏观管理目标的性质。有什么样的经济发展模式，就有什么样的宏观管理目标。宏观管理目标体系中各个目标数值的大小、各个目标实施的先后顺序，都是服从于经济发展模式需要的。

在传统经济发展模式下，宏观管理目标所突出的是经济增长与收入分配均等化，并以其为核心构建一个宏观管理目标体系。在这个宏观管理目标体系中，经济增长目标优先于结构调整目标；收入分配均等化目标优先于经济效率目标；其他一些管理目标都是围绕着这两个目标而展开的。

按照西方经济学的观点，经济增长和收入分配均等化之间也是一种交替关系。因为充分就业条件下的经济增长会造成通货膨胀，而通货膨胀又会使货币收入者的实际收入下降，使资产所有者的非货币资产的实际价值上升，结果发生了有利于后者而不利于前者的财富和收入的再分配。

当传统经济发展模式向新经济发展模式转变之后，这种宏观管理目标体系已很难适应新经济发展模式的需要。以协调为中心的从效益到数量增长的发展模式要求用新的价值判断准则对各项管理目标进行重新判断，在主次位置、先后顺序上实行新的组合。

按照新经济发展模式的要求，宏观经济管理目标首先应该突出效益问题，以效益为中心构建宏观管理目标体系。具体地说，围绕着经济效益目标，讲求经济稳定和经济增长，在"稳中求进"的过程中，实现充分就业、收入分配公平、国际收支平衡等目标。当然，在这种宏观管理目标体系下，诸目标之间仍然存在着矛盾与摩擦，需要根据各个时期的具体情况加以协调。

（三）新经济发展模式下宏观管理目标的协调

从我国现阶段的实际情况来看，新经济发展模式下的宏观管理目标的协调，主要有以下几个方面。

1. 实行技术先导

靠消耗大量资源来发展经济，是没有出路的。况且我国的人均资源占有量并不高。因此，发展科学技术，改善有限资源的使用方式，是建立新经济发展模式的基本要求。

然而，我国的劳动大军和就业压力，无疑是对科技进步的一种强大制约。我国面临着一个两难问题，即扩大非农就业与加快科技进步之间的矛盾。这两者都不可偏废。不能脱离中国劳动力过剩的现实来提高科技水平，发展技术密集型经济，而要在合理分工的基础上加快技术进步。

除此之外，要把科技工作的重点放在推进传统产业的技术改造上。因为在今后相当长的时间内，传统产业仍将是我国经济的主体。传统产业在我国经济增长中仍起着重要作用。但是，传统产业的技术装备和工艺水平又是落后的。因此，要着重推进大规模生产的产业技术和装备的现代化；积极推广普遍运用的科技成果，加速中小企业的技术进步。与此同时，要不失时机地追踪世界高技术发展动向，开拓新兴技术领域，把高技术渗透到传统产业中，并逐步形成若干新兴产业，从而提高我国经济发展水平，使国民经济在科技进步的基础上不断发展。

2. 优化产业结构

合理的产业结构是提高经济效益的基本条件，也是国民经济持续、稳定、协调发展的重要保证。目前我国产业结构的深刻矛盾，已成为经济发展的严重羁绊，因此优化产业结构是新经济发展模式的一项重要任务。

按照国际经验，后发展国家在进行结构调整和改造时总会伴随着一定的总量失衡，这是不可避免的。但是总量失衡太大，不利于结构的调整和改造。因此，应在坚持总量平衡的同时优化产业结构。这就是说，要合理确定全社会固定资产投资总规模和恰当规定消费水平提高的幅度，使建设规模同国力相适应，社会购买力的增长幅度同生产发展相适应，并以此为前提来优化产业结构。

所谓优化产业结构，首先要使其合理化，然后才是相对地使其高级化。使产业结构合理化就是要解决由于某些产业发展不足而影响整体结构协调的问题。长期以来，我国加工工业发展过快，而农业、轻工业、基础工业和基础产业则均发展不足，所以使结构合理化的任务是较重的。

在重视产业结构合理化的同时，还应积极推进产业结构高级化。我国产业结构的高级化，应按不同的地区发展水平分层次高级化。发达地区要逐步形成以资金密集型和技术密集型为主体的产业结构，并使新兴产业和高技术产业初具规模。落后地区要以第一产业和轻工业相互依托的方式实现轻工业的大发展，形成以劳动密集型为主体的产业结构。这样，在总体上就能形成以高技术产业为先导，资金密集型产业为骨干，劳动密集型产业为基础的合理产业结构。

3. 改善消费结构

适当的消费水平与合理的消费结构，也是提高经济效益的一个重要条件。

要根据人们生活的需要来组织生产活动。但同时也要根据生产发展的可能来确定消费水平，并对消费结构进行正确的引导和调节，不能盲目采用外国的消费结构和消费方式。应根据我国人口众多而资源相对不足的国情，选择合适的消费模式。

在吃的方面，要同我国农业资源的特点和农业生产力水平相适应。在住的方面，要实行住宅商品化，加大"住"的消费支出比重。在用的方面，要同我国产业结构转换速度和技术水平相适应，需求"热点"的转移不能过于迅速，购买洪峰不能过于集中，要考虑产品的正常寿命曲线和产业之间的相关效应。在今后一段时间内，应以中档耐用消费品为主，而不能以高档豪华耐用消费品为主。

第三节　宏观经济管理中的市场环境

一、完整的市场体系

一个完整的市场体系是由各种生活资料和生产要素的专业市场构成的。

因为人们之间的经济关系是贯穿于整个社会再生产过程的，既包括消费也包括生产，所以市场关系是通过各种与社会再生产过程有关的要素的交换表现出来的，完整的市场关系应该是一个由各种要素市场构成的体系。一般来说，它包括商品（消费品和生产资料）市场、技术市场、劳动力市场和资金市场。

（一）商品市场

商品市场是由以实物形态出现的消费资料和生产资料市场构成的，它是完整的市场体系的基础。

作为基础产品和中间产品的生产资料市场与社会生产有着重大的直接联系。生产资料市场既反映生产资料的生产规模和产品结构，又对整个固定资产规模及投资效果起制约作用，同时也为新的社会扩大再生产提供必要条件和发挥机制调节作用。因此，生产资料市场实际上是经济运行主体的轴心。

作为最终产品的消费品市场与广大居民生活有着极为密切的关系。该市场的参与者是由生产者和消费者共同构成的，小宗买卖与现货交易较为普遍，交易的技术性要求较低，市场选择性较强。消费品市场不仅集中反映了整个国民经济的发展状况，而且涉及广大居民物质和文化生活的所有需求，是保证劳动力简单再生产和扩大再生产的重要条件。因此，消费品市场对整个国民经济发展有重要影响。

生产资料市场与消费品市场虽然有重大区别，但两者都是以实物形态商品为交换客体的，具有同一性，并以此区别于其他专业市场。

（二）技术市场

技术市场按其经济用途可细分为初级技术市场、配套技术市场和服务性技术市场。这些市场促使技术商品的普遍推广和及时应用，推动技术成果更快地转化为生产力。

由于技术商品是一种知识形态的特殊商品，所以技术市场的运行具有不同于其他专业市场的特点。

1. 技术市场存在着双重序列的供求关系

技术市场存在着双重序列的供求关系，即技术卖方寻求买方的序列和技术买方寻求卖方的序列。这是因为技术商品有其特殊的生产规律：一方面是先有了技术成果，然后设法在生产过程中推广应用；另一方面是生产发展先提出开发新技术的客观要求，然后才有技术成果的供给。这两种相反的供求关系序列，都存在时滞问题，从而难以从某个时点上确定市场的供求。在技术市场上，供不应求与供过于求，总是同时存在的。

2. 市场的卖方垄断地位具有常态性

由于技术商品具有主体知识载体软件等特征，再生产比第一次生产容易得多，所以为保护技术商品生产者的利益，鼓励技术商品生产，在一定时期内技术商品要有垄断权。不允许别人重复生产以前已经取得的技术成果，否则就会受到法律制裁。在一般情况下，每一技术商品都应具有独创性，同一技术商品不允许批量生产。因此，在技术市场上，同一技术商品的卖方是独一无二的，不存在同一技术商品卖方之间的竞争，相反，同一技术商品的买方则是众多的，存在着买方之间的竞争，从而在总体上是卖方垄断市场。

3. 市场的交易具有较大的随意性

由于技术商品的使用价值是不确定的，客观上并不能全部转化为生产力；技术商品的价值也不具有社会同一尺度，不存在同一技术商品的劳动比较的可能性，只能转借技术商品使用后的效果来评价，所以在市场交易时主要由供求关系决定其价格。

4. 市场的交易形式较多的是使用权让渡

由于技术商品作为知识信息具有不守恒性，即它从一个人传递到另一个人，一般都不使前者丧失所传递的信息，因而技术商品的生产者往往在一定时期内，只让渡技术的使用权，而不出卖其所有权。这样，根据技术商品的传递特点，生产者就可以向多个需求者让渡其技术使用权，这是其他专业市场所不具有的交易方式。

（三）劳动力市场

劳动力市场在商品经济发展中起着重要作用。它使劳动力按照供求关系的要求进行流动，有利于劳动力资源的开发和利用，以满足各地区、各部门和各企业对劳动力的合理需求，实现劳动力与生产资料在质和量两方面的有机结合。同时，劳动力市场的供求竞争也有利于消除工资刚性和收入攀比的弊端，调整收入分配关系，促使劳动者不断提高自身素质，发展社会所需要的技能。

（四）资金市场

在发达的商品经济中，资金市场是市场体系的轴心。资金市场按期限长短可细分为货币市场和资本市场。前者主要用来调节短期资金。它通过银行之间的拆放、商业票据的贴现、短期国库券的出售等方式，融通短期资金，调剂资金余缺，加快资金周转，提高资金利用率。后者主要是用来进行货币资金的商品化交易，把实际储蓄转变为中长期的实际投资。它通过储蓄手段吸收社会多余的货币收入，通过发行公债、股票、债券等形式筹集长期资金，通过证券交易流通创造虚拟信贷资金，从而加速资金积累与集中，为社会再生产规模的扩大创造条件。

在资金市场上，信贷资金作为商品，既不是被付出，也不是被卖出，而只是被贷出，并且这种贷出是以一定时期后本金和利息的回流为条件的，因此资金商品具有二重价值，即资金本身的价值和增值的价值。此外，资金商品的贷出和流回，只表现为借贷双方之间法律契约的结果，而不表现为现实再生产过程的归宿和结果。因此，资金市场的运行也有自身的特殊性。

1. 市场的供求关系缺乏相对稳定性

在资金市场上，对于同一资金商品，一个人可以扮演既是供给者，又是需求者的双重角色，所以市场的供求对象没有相对稳定的分类。这种供求两极一体化的倾向，使市场的供求关系极为复杂多变，不可能建立较为固定的供求业务和供求渠道。

2. 市场的运行建立在信用投机的支点上

资金市场从事的是信用活动。任何信用，都具有风险性，有风险就必然有投机。信用投机，尤其是技术性投机，承担了别人不愿承担的风险，提供了头寸，使市场更加活跃，使资金更具有流动性，使市场的资金价格趋于稳定。

3. 市场的流通工具和中介机构作用重大

资金市场的交易，除少数直接借贷的债权债务关系外，大多数要以信用工具为媒介。然而，那些国债、公司债、股票、商业票据、银行承兑汇票和可转让大额定期存单等信用工具，要通过一系列商业银行、储蓄机构、投资公司、保险公司、证券交易所等中介机构来实现。

4. 市场活动的虚拟性创造

资金市场的信用活动，既不是商品形态变化的媒介，又不是现实生产过程的媒介，它的扩大和收缩并不以再生产本身的扩大和停滞为基础。这种信用活动创造了虚拟资金，加速了整个再生产过程。

（五）市场体系的结构均衡性

作为一个市场体系，不仅是全方位开放的市场，而且各个市场之间存在着结构均衡的客观要求。这是市场主体之间经济关系得以完整反映的前提，也是宏观间接控制的必要条件。

1. 市场门类的完整性

在商品经济条件下，市场是人们经济活动的主要可能性空间。在这个活动空间中，人们不仅要实现商品的价值，更为重要的是，人们为价值创造而进行生产要素配置。价值实现与价值创造的一致性，要求市场必须全方位开放，具有完整性。残缺的市场体系不仅使现有的市场不能充分发挥作用，而且会妨碍整个经济运行一体化。

2. 市场规模的协调性

一个市场体系的功能优化不在于某类市场规模的大小，而在于各类市场规模的协调效应。所以，各类市场的活动量必须彼此适应，协调有序。任何一类市场的"规模剩余"和"规模不足"都将导致市场体系结构失衡及其功能衰减。

3. 市场信号的协同性

各类市场之间的联系程度取决于市场信号之间的协同能力。只有当某一市场信号能及时转换成其他市场的变化信号，产生市场信号和谐联动时，市场体系才具有整体效应，从而对经济进行有效调节。

总之，市场体系的结构完整和均衡，是市场活动正常进行的基本条件，也是间接控制的必要条件之一。否则，间接控制就无法从总体上把握经济运行的状况，也无法综合运用各种经济杠杆进行宏观调控。

二、买方的市场主权

在市场竞争关系中，商品供给等于某种商品的卖者或生产者的总和，商品需求等于某种商品的买者或消费者的总和。这两个总和作为两种力量集团互相发生作用，决定着市场主体的位置：以买方集团占优势的"消费者主权"或者以卖方集团占优势的"生产者主权"。这两种竞争态势，对整个经济活动有不同的影响。宏观间接控制所要求的是"消费者主权"的买方市场。

（一）市场主权归属的决定机制

在买方与卖方的竞争中，其优势的归属是通过各自集团内部的竞争实现的。因为竞争关系是一种复合关系，即由买方之间争夺同一卖方的竞争和卖方之间争夺同一买方的竞争复合而成。买方之间的竞争，主要表现为竞相购买自己所需的商品；卖方之间的竞争，主要表现为竞相推销自己所生产的商品。在这一过程中，究竟哪一方能占据优势，掌握市场主权，取决于双方的内部竞争强度。如果买方之间的竞争强度大，消费者竞相出更高的价钱来购买商品，必然会抬高商品的售价，使卖方处于优势地位。如果卖方之间的竞争强度大，生产者彼此削价出售商品，则必然会降低商品的售价，使买方处于优势地位。一般来说，决定竞争强度的因素有两方面。

1. 供求状况

市场上商品供过于求，卖方之间争夺销售市场的竞争就会加剧，商品售价被迫降低。与此相反，市场上商品供不应求，买方之间争购商品的竞争就会加剧，就会哄抬商品价格。

2. 市场信息效率

市场的商品交换是以信息交流为前提的，商品信息量越大，商品交换的选择度越高，被排除的可能选择就越多，从而使竞争加剧。所以，市场信息效率对竞争强度有直接影响。在供求状况不变时，市场信息效率不同，竞争强度也会发生变化。

总之，供求状况和市场信息效率共同决定着竞争强度，买方之间与卖方之间竞争强度的比较，决定了市场主权的归属。

（二）市场主权不同归属的比较

市场主权归属于买方还是卖方，其结果是截然不同的。生产者之间竞争强度的增大，会促使生产专业化的发展，有利于商品经济的发展；而消费者之间竞争强度的增大，则迫使大家自给自足地生产，不利于商品经济的发展。因此，"消费者主权"的买方市场较之"生产者主权"的卖方市场有更多的优越性，具体表现为以下几点。

1. 消费者控制生产者有利于实现生产目的

在生产适度过剩的情况下，消费者挑选所需商品的余地就会扩大。随着消费者选择的多样化，消费对生产的可控性日益提高，生产就不断地按照消费者的需要进行。与此相反，卖方市场是生产者控制消费者的市场。在有支付能力的需求过剩的情况下，生产者生产什么，消费者就只能消费什么；生产者生产多少，消费者就只能消费多少。消费者被迫接受质次价高、品种单调的商品，其正当的权益经常受到损害。

2. 买方宽松的市场环境有利于发挥市场机制的作用

在平等多极竞争中，产品供给适度过剩，可以提高市场信息效率，使价格信号较为准确地反映供求关系，引导资金的合理投向，使短线产品的生产受到刺激，长线产品的生产受到抑制。在产品供给短缺时，强大的购买力不仅会推动短线产品价格上涨，而且可能带动长线产品价格上涨，市场信息效率低下，给投资决策带来盲目性。

3. 消费者主权有利于建立良性经济环境

产品供给适度过剩将转化为生产者提高效率的压力，生产效率提高将使产品价格下降，从而创造出大量新的需求，使供给过剩程度减轻或消失。随着生产效率的进一步提高，又会形成新的生产过剩，这又将造成效率进一步提高的压力，结果仍是以创造新需求来减缓生产过剩。因此，在这一循环中，始终伴随着生产效率的不断提高和新需求的不断创造。在卖方市场中，质次价高的商品仍有销路，效率低下的企业照样生存，缺乏提高效率、降低价格和创造新需求的动力，总是保持着供不应求的恶性循环。

4. 消费者主权有利于资源利用的充分选择

生产者集团内部竞争的强化，将推动生产者采用新技术和先进设备，改进工艺，提高质量，降低成本，并促使企业按需生产，使产品适销对路。消费者集团内部竞争的强化，将使企业安于现状，不仅阻碍新技术和新设备的采用，还会把已经淘汰的落后技术和陈旧设备动员起来进行生产，这势必造成资源浪费，产品质量低下。同时，强大的购买力也会助长生产的盲目性，造成产品大量滞存积压。可见，消费者主权的买方市场在运行过程中具有更大的优越性。

（三）买方市场的形成

形成买方市场有一个必要的条件，就是在生产稳定发展的基础上控制消费需求，使之有计划地增长。也就是说，生产消费的需求必须在生产能力所能承受的范围之内，否则生产建设规模过度扩大，就会造成生产资料短缺；生活消费的增长必须以生产力的增长为前提，否则生活消费超前，就会造成生活资料短缺。

在市场信息效率既定的条件下，总体意义上的买方市场可以用总供给大于总需求来表示。由于总供给与总需求的关系受多种因素影响，其变化相当复杂，所以判断总体意义上的买方市场是比较困难的。一般来说，总量关系的短期变化可能与政策调整有关，总量关系的长期趋势则与体制因素相联系。例如，在传统社会主义体制下，企业预算约束软化导致的投资饥渴症和扩张冲动，使总量关系呈现常态短缺，尽管在短期内，采取紧缩政策对总量关系进行强制性调整，有可能在强烈摩擦下压缩出一个暂时性的买方市场，但不可能从根本上改变卖方市场的基本格局。因此，要形成总体意义上的买方市场，必须从体制和政策上同时入手，通过政策调整使总需求有计划地增长，为体制改革奠定一个良好的基础，通过体制改革消除需求膨胀机制，提高社会总供给能力，最终形成产品供应量大于市场需求量的买方市场。

总体意义上的买方市场虽然在某种意义上反映了消费者主权，但它并没有反映产品的结构性矛盾。如果大部分有支付能力的需求所对应的是供给短缺的商品，而大量供给的商品所对应的是有效需求不足的购买力，那么即使存在总体意义上的买方市场，也无法保证消费者市场的主体地位。因为从结构意义上考察，有相当部分的供给都是无效供给，真正的有效供给相对于市场需求仍然是短缺的，实质上还是卖方市场。所以，完整的买方市场是总量与结构相统一的供大于求的市场。

结构意义上的买方市场的形成，主要取决于产业结构与需求结构的协调性。一般来说，当一个国家的经济发展达到一定的程度，基本解决生活温饱问题后，需求结构将产生较大变化，如果产业结构不能随之调整，就会导致严重的结构性矛盾。因此，关键在于产业结构转换。但由于生产受到各种物质技术条件的约束，产业结构的转换具有较大刚性，所以也要调整需求结构，使之有计划地变化，不能过于迅速和超前。

个体意义上的买方市场形成，在很大程度上取决于具体商品的供需弹性。一般来说，供给弹性小的商品，容易形成短期的买方市场。需求弹性小的商品，如果需求量有限，只要生产能力跟得上，还是容易形成买方市场的。需求弹性大的商品，一般有利于形成买方市场，但如果受生产能力的制约，尽管需求量有限，也不易形成买方市场。需求弹性大，供给弹性小的商品，因销售者不愿储存商品，宁愿削价出售，在一定程度上有利于买方市场的形成。需求弹性大，供给弹性也较大的商品，如服装等，则主要取决于需求量与生产量的关系，只要社会购买力有一定限量，生产能力跟得上，就有可能形成买方市场。

三、多样化的市场交换方式

多样化的市场交换方式是较发达市场的基本标志之一，是市场有效运行的必要条件。它反映了市场主体之间复杂的经济关系和联结方式。各种不同功效的市场交换方式的组合，使交换过程的连续性与间断性有机地统一起来，有利于宏观间接控制的有效实施。多样化的市场交换方式包括现货交易、期货交易和贷款交易三种基本类型。

（一）现货交易市场

现货交易是买卖双方成交后即时或在极短期限内进行交割的交易方式。

1. 现货交易的基本特性

现货交易的基本特性表现为：①它是单纯的买卖关系，交换双方一旦成交、便"银货两清"，不存在其他条件的约束；②买卖事宜的当即性，交换双方只是直接依据当时的商品供求状况确定商品价格和数量，既不能预先确定，也不能事后了结；③买卖关系的实在性，成交契约当即付诸实施，不会出现因延期执行所造成的某种虚假性。现货交易方式，无论从逻辑上，还是历史上来说，都是最古老、最简单、最基本的交换方式。因为大部分商品按其自身属性来说，适用于这种交换方式。

2. 现货交易对商品经济的调节

现货交易市场是建立在由生产和消费直接决定的供求关系基础上的，其最大的特点是随机波动性。市场价格和数量都不能预先确定，而要根据即时供求关系确定。人们对未来商品交易价格和数量的预期，也只是以当前的价格和数量以及其他可利用的资料为基础。这一特点使现货交易市场对商品经济运行有灵活的调节作用，具体表现在：①有利于竞争选择，释放潜在的经济能量。市场的波动性是实行竞争选择的前提条件之一。市场的波动越大，竞争选择的范围越广，竞争选择的强度越大，所以现货交易市场的竞争选择机制作用较为明显。②有利于掌握真实的供求关系，对经济活动进行及时的反馈控制。除了投机商人囤货哄价，在一般情况下，现货交易价格信号能比较直接地反映实际供求状况，并且反应较为灵敏。这有助于企业对自身的经营模式做出及时调整，也便于政府及时采取相应的经济手段调控市场。③有助于及时改善供求关系，防止不良的扩散效应和联动效应。由于现货交易关系比较单一和明朗，该市场的价格波动往往具有暂时性和局部性，至多波及某些替代商品和相关商品的供求关系，不会引起强烈的连锁反应。

当然，现货交易方式也有其消极作用。在现货交易市场上，当前供求的均衡是通过无数次偶然性的交换达到的，市场价格的涨落幅度较大，价格信号较为短促，市场风险较大。这些容易引起企业行为短期化，投资个量微型化，投资方向轻型化等倾向，不利于经济的稳定发展。

（二）期货交易市场

1. 期货交易的基本特性

期货交易的基本特性表现为：①它不仅是买卖关系，而且是一种履行义务的关系，即买进期货者到期有接受所买货物的义务，卖出期货者到期有交付所卖货物的义务。②对期货交易来说，成交仅仅意味着远期交易合同的建立，只有到了未来某一时点的期货交割完毕，交易关系才算终结，从成交到交割要延续一段时间。③期货买卖成交时，并不要求买卖双方手头有现货，不仅如此，在未到交割期以前，买卖双方还可以转卖或买回。所以期货交易具有投机性，会出现买进卖出均无实物和货款过手的"买空卖空"现象。

2. 期货交易市场的组成

套期保值者和投机者都是期货交易市场的主要人群，前者参与期货交易是为了减少业务上的风险，后者参与期货交易是为了牟取利润而自愿承担一定的风险。在该市场上，投机者是必不可少的。一方面，由于商品的出售是"惊险的一跃"，套期保值者更愿意销售期货，如果期货市场全由套期保值者组成，则购买期货的需求一方总是相对微弱的，所以需要通过投机者的活动来调整期货供求之间的不平衡。另一方面，由于套期保值者不愿承担风险，单由他们的交易而达成的期货价格通常是不合理的，要大大低于一般预期价格。当投机者参与市场活动后，只要期货价格低于他们的预期价格，他们就会买进期货以牟取利润，这种敢于承担风险的行为会把期货价格提高到一个更为合理的水平。因此期货市场只有由这两部分人组成，才具有合理性、流动性和灵活性。

3. 预期确定性

期货交易市场是建立在未来供求关系预先确定的基础上的，其最大特点是预期确定性。期货市场的特点决定了它对经济运行的稳定性有积极作用，具体表现在：①有利于生产者转移风险、套期保值，保证再生产过程的正常进行。生产者通过出售或购进期货，就可以避免市场价格波动带来的损失，例如就销售者而言，如果期内价格下跌，并反映在期货价格上，期货合同的收益将有助于弥补实际销售因价格下跌带来的损失。如果期内价格上涨，期货头寸的损失同样会由实际销售因价格上涨带来的收益所抵补。这样，生产者就能免受市场风险干扰而安心生产。②有利于市场价格的稳定，减轻市场波动。在该市场上，投机者利用专门知识对商品期货价格做出预测，并承担价格风险进行"多头"和"空头"的投机活动。当供给的增加引起价格大幅度下降时，他们就买进存货并囤积起来，以便在以后以有利的价格抛出，这样就维持了现期价格。当供给短缺时，他们抛出存货，因而防止了价格猛涨。③有利于提高市场预测的准确度，产生对将来某一时点上的收益曲线形状和价格水平的较为合理的预期。期货价格反映了许多买方与卖方对今后一段时间内供求关系和价格状况的综合看法。把形形色色的个别分散的见解组合成一个易识别的预测量，虽然不能说是完全正确的，但总比个别的一次性的价格预测更准确、更有用。④有利于完善信息交流机制，促进市场全面竞争。期货市场作为买卖双方为未来实际交易而预先签订契约的中心，不仅使买卖双方互相了解对方的情况，减少了互相寻找的盲目性，而且使各种短期与长期的信息大量汇集，扩大了可利用的市场信息范围。

期货交易市场虽然有利于消除因人们对商品价格和数量预期不一致所引起的不均衡，但它仍然不可能消除由于社会需求心理或资源不可预料的变化而产生的不均衡，以致人们经常发现自己不愿意或不能够购销他们曾经计划购销的商品而不得不另行增加现货交易，或用现货交易抵销合同。另外，期货市场也具有某种负效应的调节作用，如对期货价格的投机也许会成为支配价格的真实力量，从而使价格因投机者操纵而剧烈波动，对经济产生危害。

（三）贷款交易市场

贷款交易是通过信贷关系所进行的商品交易，它反映了银货交割在时间上的异步性，即市场主体之间成交后，或者是以现在的商品交付来换取将来收款的约定；或者是以现在的货币交付来换取将来取货的约定。前者称为延期付款交易，后者称为预先付款交易。

延期付款交易有助于刺激有效需求，适宜于商品供大于求状况；预先付款交易有助于刺激有效供给，适宜于商品供不应求状况。这两种交易方式都是一笔货币贷款加上一宗商品交换，不同的是：前者是卖方贷款给买方所进行的现货交易，属于抵押贷款，以卖方保留商品所有权为基础；后者是买方贷款给卖方所进行的期货交易，属于信用贷款，以卖方的信用为基础。

可见，贷款交易无非是在现货和期货交易基础上又增加了借贷关系的交易方式。这是一种更为复杂的交易方式，它具有以下基本特性：①在商品交换关系中渗透着借贷的债权债务关系，现期交付货物或货款的一方是债权人，远期交付货款或货物的一方则是债务人。他们在商品交换中也就实现了资金融通。②贷款交易在完成一般商品交换的同时提供了信贷，从而使买方受贷者能提前实现商品使用价值的消费，卖方受贷者能提前实现商品的价值。③贷款交易虽然是成交后其中一方的货物或货款当即交付，但另一方的货款或货物交付总是要延续到以后某一日期才完成。

贷款交易市场是建立在再生产过程中直接信用基础上的，其最大的特点是信用关系的连锁性。在该市场的商品交换中，借贷关系随着商品生产序列和流通序列不断发生，从而会使彼此有关的部门和行业连接起来。贷款交易市场的这一特点，使它对经济运行有较大的弹性调节作用。

1. 有利于调节供给与需求在时间上的分离

当供求关系在时间序列上表现为不平衡时，或者采用商品的出售条件按照商品的生产条件来调节的办法，使需求提前实现；或者采用商品的生产条件按照商品的出售条件来调节的办法，使生产按需进行。这样就可以使再生产避免因供求在时间上的分离所造成的停顿。

2. 有利于调节短期的资金融通

贷款交易利用商品交换关系实现买方与卖方之间的信贷，提供短期的资金融通，使大量分散的短期闲置资金得以充分利用。

3. 有利于搞活流通

贷款交易市场用短期信贷关系弥补货物或货币缺口，使商品交换关系得以建立，这不仅扩大了商品销售，活跃了流通，而且加强了交易双方的经济责任，从而有力地促进了消费和投资。

4. 有利于促进银行信用的发展

贷款交易市场上的商业信用是与现实再生产过程直接联系的，它是整个信用制度的基础。贷款交易市场的扩大，必然推动银行间接信用的发展，这是因为：一方面商业信用为了保证其连续性，需要银行做后盾；另一方面商业票据作为信用货币要到银行去贴现。

当然，贷款交易市场中的信用关系仅限于买卖双方，其活动范围是有限的，而且它在经济系统的不确定因素冲击下往往显得很脆弱，容易产生连锁性的信用危机，直接影响再生产过程的顺利进行。

第三章

经济管理的微观视角

第一节 消费者、生产者与市场

一、消费者理论

（一）消费者行为理论模型

1. 彼得模型

彼得模型俗称轮状模型图，是在消费者行为概念的基础上提出来的。它认为消费者行为和感知与认知，行为和环境与营销策略之间是互动和互相作用的。彼得模型一定程度上可以在感知与认知上解释消费者行为，帮助企业制定营销策略。消费者行为分析轮状模型图，包括感知与认知、行为、环境、营销策略四部分内容，具体如下。

（1）感知与认知是指消费者对外部环境的事物与行为刺激可能产生的心理上的两种反应。感知是人对直接作用于感觉器官（如眼睛、耳朵、鼻子、嘴、手指等）的客观事物的个别属性的反映；认知是人脑对外部环境做出反应的各种思想和知识结构。

（2）行为，即消费者在做什么。

（3）环境是指消费者所处的外部世界中各种自然的、社会的刺激因素的综合体。例如，政治环境、法律环境、文化环境、自然环境、人口环境等。

（4）营销策略指的是企业进行的一系列营销活动，包括战略和营销组合的使用，消费者会做出什么样的购买行为，与企业的营销策略有密切关系。感知与认知、行为、营销策略和环境四个因素有着本质联系。

感知与认知是消费者的心理活动，心理活动在一定程度上会决定消费者的行为。通常来讲，有什么样的心理就会有什么样的行为。相对应的，消费者行为对感知也会产生重要影响。营销刺激和外在环境也是相互作用的。营销刺激会直接形成外在环境的一部分，而外面的大环境也会对营销策略产生影响。感知与认知、行为与环境、营销策略是随着时间的推移不断产生交互作用的。消费者的感知与认知对环境的把握是营销成功的基础，而企业的营销活动又可以改变消费者行为、消费者的感知与认知等。但不可否认，营销策略也会被其他因素所改变。

2. 霍金斯模型

霍金斯模型是由美国心理与行为学家德尔·I. 霍金斯（Del I. Hawkins）提出的，是一个关于消费者心理与行为和营销策略的模型，此模型是将心理学与营销策略整合的最佳典范。

霍金斯认为，消费者在内外因素影响下形成自我概念（形象）和生活方式，然后消费者的自我概念和生活方式导致一致的需要与欲望产生，这些需要与欲望大部分要求以消费行为获得满足与体验。同时这些也会影响今后的消费心理与行为，特别是对自我概念和生活方式起调节作用。

自我概念是一个人对自身一切的知觉、了解和感受的总和。生活方式是指人如何生活。一般而言，消费者在外部因素和内部因素的作用下首先形成自我概念和自我意识，自我概念再进一步折射人的生活方式。人的自我概念与生活方式对消费者的消费行为和选择会产生双向影响：人们的选择对其自身的生活方式会产生莫大的影响，同时人们的自我概念与现在的生活方式或追求的生活方式也决定了人的消费方式、消费决策与消费行为。

另外，自我概念与生活方式固然重要，但如果消费者处处根据其生活方式而思考，也未免过于主观，消费者有时在做一些与生活方式相一致的消费决策时，自身却浑然不觉，这与参与程度有一定关系。

3. 刺激—反应模型

（1）刺激—中介—反应模型。它是人类行为的一般模式，简称 SOR 模型。SOR 模型早在 1974 年由阿尔伯特·梅拉比安（Albert Mehrabian）和拉塞尔（Russell）提出，最初用来解释、分析环境对人类行为的影响，后作为环境心理学理论被引入零售环境中。任何一位消费者的购买行为，均是由其自身的生理、心理因素或外部环境的刺激引发的行为活动。消费者的购买行为，其过程可归结为消费者在各种因素刺激下，产生购买动机，在动机的驱使下，做出购买某商品的决策，实施购买行为，再形成购后评价。消费者购买行为的一般模式是营销部门计划扩大商品销售的依据。营销部门要认真研究和把握购买者的内心世界。消费者购买行为模式是对消费者实际购买过程进行形象说明的模式。所谓模式，是指某种事物的标准形式。消费者购买行为模式是指用于表述消费者购买行为过程中的全部或局部变量之间因果关系的图式理论描述。

（2）科特勒的刺激—反应模型。美国著名市场营销学家菲利普·科特勒（Philip Kotler）教授认为，消费者购买行为模式一般由前后相继的三个部分构成，科特勒的刺激—反应模型清晰地说明了消费者购买行为的一般模式：刺激作用于消费者，经消费者本人内部过程的加工作用，最后使消费者产生各种外部的与产品购买有关的行为。因此，该模式易于掌握和应用。

（二）消费者购买决策理论

1. 习惯建立理论

该理论认为，消费者的购买行为实质上是一种习惯建立的过程。习惯建立理论的主要内容如下。

（1）消费者对商品的反复使用形成兴趣与喜好。

（2）消费者对购买某一种商品"刺激—反应"的巩固程度。

（3）强化物可以促进习惯性购买行为的形成。任何新行为的建立和形成都必须使用强化物，而且，只有通过强化物的反复作用，才能使一种新的行为产生、发展、完善和巩固。

习惯建立理论提出，消费者的购买行为与其对某种商品有关信息的了解程度关联不大，消费者在内在需要激发和外在商品的刺激下，购买了该商品并在使用过程中感觉不错（正强化），那么他可能会再次购买并使用。消费者多次购买某商品，带来的都是正面的反映，购买、使用都是愉快的经历，那么在多种因素的影响下，消费者逐渐形成了一种固定化反应模式，即消费习惯。具有消费习惯的消费者在每次产生消费需要时，首先想到的就是习惯购买的商品，相应的购买行为也就此产生。因此，消费者的购买行为实际上是重复购买并形成习惯的过程，是通过学习逐步建立稳固的条件反射的过程。

从习惯建立理论的角度来看存在于现实生活中的许多消费行为，可以得到消费行为的解释，消费者通过习惯理论来购入商品，不仅可以最大限度地节省选择商品的精力，还可以避免一些风险。当然，习惯建立理论并不能解释所有的消费者购买行为。

2. 效用理论

效用概念最早出现于心理学著作中，用来说明人类的行为可由追求快乐、避免痛苦来解释，后来这一概念成为西方经济学中的一个基本概念，偏好和收入的相互作用导致人们做出消费选择，而效用则是人们从这种消费选择中获得的愉快或者满足。通俗地说就是一种商品能够给人带来多大的快乐和满足。

效用理论把市场中的消费者描绘成"经济人"或理性的决策者，从而给行为学家很多启示：其一，在商品经济条件下，在有限货币与完全竞争的市场中，"效用"是决定消费者追求心理满足和享受欲望最大化的心理活动过程。其二，将消费者的心理活动公式化、数量化，使人们便于理解。但需要指出的是，作为一个消费者，他有自己的习惯、价值观和知识经验等，受这些因素的限制，他很难按照效用最大的模式去追求最大效益。

3. 象征性社会行为理论

象征性社会行为理论认为任何商品都是社会商品，都具有某种特定的社会含义，特别是某些专业性强的商品，其社会含义更明显。消费者选择某一品牌的商品，主要依赖于这种品牌的商品与自我概念的一致（相似）性，也就是所谓商品的象征意义。商品作为一种象征，表达了消费者本人或别人的想法，有人曾说："服饰最初只是一个象征性的东西，穿着者试图通过它引起别人的赞誉。"有利于消费者与他人沟通的商品是最可能成为消费者自我象征的商品。

4. 认知理论

在心理学中，认知的概念是指过去感知的事物重现面前的确认过程，认知理论是 20 世纪 90 年代以来较为流行的消费行为理论，认知理论把顾客的消费行为看成一个信息处理过程，顾客从接受商品信息开始直到最后做出购买行为，始终与信息的加工和处理直接相关。这个对商品信息的处理过程就是消费者接受、存储、加工、使用信息的过程，它包括注意、知觉、表象、记忆、思维等一系列认知过程。顾客认知是由引起刺激的情景和自己内心的思维过程造成的，同样的刺激，同样的情景，对不同的人往往产生不同的效果。认知理论指导企业必须尽最大努力确保其商品和服务在顾客心中形成良好的认知。

（三）消费者行为的影响因素

影响消费者行为的因素主要有两种，分别是个人内在因素与外部环境因素，在此基础上，还可以继续进行细分，将个人内在因素划分为生理因素与心理因素；将外部环境因素划分为自然环境因素和社会环境因素。可以说消费者行为是消费者个人与环境交互作用的结果。消费者个人内在因素与外部环境因素，直接影响和制约着消费者行为的方式、指向及强度。

（四）消费者购买决策的影响因素

1. 他人态度

他人态度对消费者购买决策的影响程度，取决于他人反对态度的强度及对他人劝告的可接受程度。

2. 预期环境因素

消费者购买决策受到产品价格、产品的预期收益、本人的收入等因素的影响，这些因素是消费者可以预测到的，被称为预期环境因素。

3. 非预期环境因素

消费者在做购买决策过程中除受以上因素影响外，还要受营销人员态度、广告促销、购买条件等因素的影响，这些因素难以预测，被称为非预期环境因素，它往往与企业营销手段有关。因此，在消费者的购买决策阶段，营销人员一方面要向消费者提供更多的、详细的有关产品的信息，便于消费者比较优缺点；另一方面则应通过各种销售服务，促成方便顾客购买的条件，加深其对企业及商品的良好印象，促使消费者做出购买本企业商品的决策。

二、生产者理论

生产者理论主要研究生产者的行为规律，即在资源稀缺的条件下，生产者如何通过合理的资源配置，实现利润最大化。广义的生产者理论涉及三个主要问题：第一，投入要素与产量之间的关系；第二，成本与收益的关系；第三，垄断与竞争的关系。

以下重点分析第一个问题，即生产者如何通过生产要素与产品的合理组合实现利润最大化。生产是厂商对各种生产要素进行合理组合，以最大限度地生产出产品的行为过程。生产要素的数量、组合与产量之间的关系可以用生产函数来表现。因此，在具体分析生产者行为规律之前，有必要先介绍生产者、生产要素、生产函数等相关概念。

（一）生产者

生产者，即厂商，也就是企业，是指能够独立做出生产决策的经济单位。在市场经济条件下，厂商作为理性的"经济人"所追求的生产目标一般是利润最大化。厂商可以采用个人性质、合伙性质和公司性质的经营组织形式。在生产者行为的分析中，经济学家经常假设厂商总是试图谋求最大的利润（或最小的亏损）。基于这种假设，就可以对厂商所要生产的数量和为其产品制定的价格做出预测。当然，经济学家实际上并不认为追求利润最大化是人们从事生产和交易活动的唯一动机。企业家还有其他的目标，比如，企业的生存、安逸的生活，以及优厚的薪水等。尽管如此，从长期来看，厂商的活动看起来很接近于追求最大利润。特别是，如果要建立一个简化的模型，就更有理由认为厂商在制定产量时的支配性动机是追求最大利润。即使在实际生活中企业没有追求或不愿追求利润最大化，利润最大化至少可以作为一个参考指标去衡量其他目标的实现情况。

（二）生产函数

厂商是通过生产活动来实现最大利润目标的。生产是将投入的生产要素转换成有效产品和服务的活动。以数学语言来说，生产某种商品时所使用的投入数量与产出数量之间的关系，即生产函数。厂商根据生产函数具体规定的技术约束，把投入要素转变为产出。在某一时刻，生产函数是代表给定的投入量所能产出的最大产量，反过来也可以说，它表示支持一定水平的产出量所需要的最小投入量。因此，在经济分析中，严格地说，生产函数是表示生产要素的数量及其某种数量组合与它所能生产出来的最大产量之间的依存关系，其理论本质在于刻画厂商所面对的技术约束。

在形式化分析的许多方面，厂商是与消费者相似的。消费者购买商品，用以"生产"满足；企业家购买投入要素，用以生产商品。消费者有一种效用函数，厂商有一种生产函数。但实际上，消费者和厂商的分析之间存在着某些实质性的差异。效用函数是主观的，效用并没有一种明确的基数计量方法；生产函数却是客观的，投入和产出是很容易计量的。理性的消费者在既定的收入条件下使效用最大化；企业家类似的行为是在既定的投入下使产出数量最大化，但产出最大化并非其目标。要实现利润最大化，厂商还必须考虑成本随产量变化而发生的变动，即必须考虑成本函数。也就是说，厂商的利润最大化问题既涉及生产的技术方面，也涉及生产的经济方面。生产函数只说明：投入要素的各种组合情况都具有技术效率。这就是说，如果减少一种要素的投入量就要增加另一种要素的投入量，没有其他生产方式能够得到同样的产量。而技术上无效率的要素组合脱离了生产函数，因为这类组合至少多用了一种投入要素，其他要素投入量则同以前一样，其产量却同其他方式一样多。

（三）生产要素

生产要素是指生产活动中所使用的各种经济资源。这些经济资源在物质形态上千差万别，但它们可以归类为四种基本形式：劳动、资本、土地和企业家才能。

劳动是指劳动者所提供的服务，可以分为脑力劳动和体力劳动。

资本是指用来生产产品的基本生产要素。它有多种表现形式，其基本表现形式为物质资本，如厂房、设备、原材料和库存等。此外，它还包括货币资本（流动资金、票据和有价证券）、无形资本（商标、专利和专有技术）和人力资本（经教育、培育和保健获得的体力、智力、能力和文化）。

土地是指生产中所使用的，以土地为主要代表的各种自然资源，它是自然界中本来就存在的。例如，土地、水、原始森林、各类矿藏等。

企业家才能是指企业所有者或经营者所具有的管理、组织和协调生产活动的能力。劳动、资本和土地的配置需要企业家进行组织。企业家的基本职责包括：组织生产、销售产品和承担风险。

生产任何一种产品或劳务，都必须利用各种生产要素。

三、市场理论

（一）市场

市场是商品经济的范畴。哪里有商品，哪里就有市场。但对于什么是市场，却有多种理解，一开始，人们把市场看作商品交换的场所，如农贸市场、小商品市场等。它是指买方和卖方聚集在一起进行交换商品和劳务的地点。但随着商品经济的发展，市场范围的扩大，人们认识到，市场不一定是商品交换的场所，哪里存在商品交换关系哪里就存在市场。可见，市场的含义，不仅指商品和劳务集散的场所，而且指由商品交换联结起来的人与人之间的各种经济关系的总和。

市场由三个要素构成：一是市场主体，即自主经营、自负盈亏的独立经济法人。它包括从事商品和劳务交易的企业、集团和个人。二是市场客体，指通过市场进行交换的有形或无形的产品、现实存在的产品或未来才存在的产品。三是市场中介，指联结市场各主体之间的有形或无形的媒介与桥梁。在市场经济中，价格、竞争、市场信息、交易中介人、交易裁判和仲裁机关等都是市场中介。市场的规模和发育程度集中反映了市场经济的发展水平和发育程度。因此，在发展市场经济的过程中，必须积极培育市场。

（二）市场经济

1. 市场经济概述

简而言之，市场经济就是通过市场机制来配置资源的经济运行方式。它不是社会制度。众所周知，在任何社会制度下，人们都必须从事以产品和劳务为核心的经济活动。而当人们进行经济活动时，首先要解决以何种方式配置资源的问题。这种资源配置方式，就是通常所说的经济运行方式。由于运用调节的主要手段不同，人们把经济运行方式分为计划与市场两种形式。前者指采用计划方式来配置资源，被称为计划经济；后者指以市场方式来配置资源，被称为市场经济。可见，市场经济作为经济活动的资源配置方式，无论资本主义还是社会主义都可以使用。它与社会制度没有必然联系。虽然，市场经济是随着现代化大生产和资本主义生产方式的产生而产生的，但它并不是由资本主义制度决定的。因为市场经济的形成与发展直接取决于商品经济的发达程度。迄今为止，商品经济发展经历了简单的商品经济、扩大的商品经济和发达的商品经济三个阶段。只有当商品经济进入扩大发展阶段以后，市场经济的形成与发展才具备条件。因为在这个阶段不仅大部分产品已经实现了商品化，而且这种商品化还扩大到生产要素领域。这时，市场机制成为社会资源配置的主要手段。也就是说，这个阶段经济活动中的四个基本问题，即生产什么、如何生产、为谁生产和由谁决策等，都是依靠市场的力量来解决的。由此可见，市场经济是一种区别于社会制度的资源配置方式，即经济运行方式。

2. 市场经济的运转条件

（1）要有一定数量的产权明晰、组织结构完整的企业。

（2）要有完备的市场体系，成为社会经济活动和交往的枢纽。

（3）要有完整的价格信号体系，能够迅速、准确、明晰地反映市场供求的变化。

（4）要有完善的规章制度，既要有规范各种基本经济关系的法规，又要有确定市场运作规则的法规，还要有规范特定方面经济行为的单行法规。

（5）要有发达的市场中介服务组织，如信息咨询服务机构、行业协会、同业公会、会计师事务所、律师事务所等。

3. 市场经济的特征

市场经济的特征可以归结为以下几个方面。

（1）市场对资源配置起基础性作用。这里的资源包括人力、物力、财力等经济资源。

（2）市场体系得到充分发展，不仅有众多的买者和卖者，还有一个完整的市场体系，并形成全国统一开放的市场。

（3）从事经营活动的企业，是独立自主、自负盈亏的经济实体，是市场主体。

（4）社会经济运行主要利用市场提供的各种经济信号和市场信息调节资源的流动和社会生产的比例。

（5）在统一的市场规则下，形成一定的市场秩序，社会生产、流通、分配和消费在市场中枢的联系和调节下，形成有序的社会再生产网络。

（6）政府依据市场经济运行规律，对经济实行必要的宏观调控，运用经济政策、经济法规、计划指导和必要的行政手段引导市场经济的发展。

第二节　市场需求分析

一、需求的含义

需求与供给这两个词汇不仅是经济学最常用的两个词，还是经济领域最常见的两个术语。需求与供给作为市场经济运行的力量，直接影响着每种物品的产量及出售价格。市场价格在资源配置的过程中发挥着重要作用，既决定着商品的分配，又引导着资源的流向。如果你想知道，任何一种事件或政策将如何影响经济并且产生什么样的效应，就应该先考虑它将如何影响需求和供给。

需求是指买方在某一特定时期内，在"每一价格"水平时，愿意而且能够购买的商品量。消费者的购买愿望和支付能力，共同构成了需求，缺少任何一个条件都不能成为有效需求。这也就是说，需求是买方根据其欲望和购买能力所决定的想要购买商品的数量。

二、需求表与需求曲线

对需求的最基本表示是需求表和需求曲线，直接表示价格与需求量之间的基本关系。

（一）需求表

需求表是表示在不影响购买的情况下，一种物品在每一价格水平下与之相对应的需求量之间关系的表格。需求表是以数字表格的形式来说明需求这个概念的，它反映在不同价格水平下购买者对该商品或货物的需求量。

（二）需求曲线

需求曲线是表示一种商品价格和需求数量之间关系的图形，它的横坐标表示的是数量，纵坐标表示的是价格。通常，需求曲线是向右下方倾斜的，即需求曲线的斜率为负，这反映出商品的价格和需求之间是负相关关系。

三、需求函数与需求定理

（一）需求函数

需求函数是以代数表达式表示商品价格与需求量之间关系的函数。最简单意义上的需求函数，是将价格（P）作为自变量，需求量（Q_d）作为因变量，函数关系式如下。

$$Q_d = a - bP$$

其中 a、b 为常数，a 为最大需求量，b 为关系系数。

通过价格前面的负号可知，上式显示出需求量和价格之间反方向变化的规律。

需求函数的经济学含义：①在给定的价格水平下，需求者能够购买的最大商品数量；②对于具体给定的商品数量，需求者愿意支付的最高价格。

（二）需求定理

从需求表和需求曲线中得出，商品的需求量与其价格是呈反方向变动的，这种关系对经济生活中大部分物品都是适用的，而且，这种关系非常普遍，经济学家称之为需求定理。

需求定理的基本内容：在其他条件不变的情况下，购买者对某种商品的需求量与价格呈反方向变动，即需求量随着商品价格的上升而减少，随着商品价格的下降而增加。

四、影响需求的因素

除价格因素外，还有许多因素会影响需求使之发生变化。其中，以下几方面是比较重要的影响因素。

（一）收入

假如经济危机出现了，公司为了应对危机，会相应地减少员工收入。当收入减少时，个人或家庭的需求一般会相应地减少。就是说，当收入减少时，消费支出的数额会相应地减少，因此，个人或家庭不得不在大多数物品上相应减少消费。在经济学中，当收入减少时，对一种物品的需求量也相应减少，这种物品就是正常物品。一般把正常物品定义为：在其他条件相同时，收入增加会引起需求量相应增加的物品。

在人们的日常生活中，消费者购买的物品，并不都是正常物品，随着人们收入水平的提高，人们会对某种物品的需求会减少，这种物品就是所谓的低档物品。从经济学的角度看低档物品，将其定义为：在其他条件相同时，收入增加会引起需求量相应减少的物品。

（二）相关商品的价格

相关商品是指与所讨论的商品具有替代或者互补关系的商品。在其他条件不变时，当一种商品价格下降时，减少了另一种商品的需求量，这两种物品被称为替代品。两种替代商品之间的关系：价格与需求呈现出同方向变动，即一种商品价格上升，将引起另一种商品需求量增加。

在其他条件不变时，当一种商品价格下降时，增加了另一种商品的需求量，这两种物品被称为互补品。两种互补商品之间的关系：价格与需求呈反方向变动，即一种商品的价格上升，将引起另一种商品需求量减少。

（三）偏好

决定需求的另一明显因素是消费者偏好。人们一般更乐于购买具有个人偏好的商品。人们的偏好，受很多因素的影响，如广告、从众心理等。当人们的消费偏好发生变动时，对不同商品的需求也会发生变化。

（四）预期

人们对未来的预期也会影响人们现期对物品与劳务的需求。对于某一产品，人们通过预期认为该产品的价格会发生变化，若预期结果是涨价，人们会增加当前的购入数量；若预期结果是降价，那么人们会减少当前的购入数量。

（五）购买者的数量

购买者数量的多少是影响需求的因素之一，如人口增加将会使商品需求数量增加，反之，购买者数量减少会使商品需求数量减少。

（六）其他因素

民族、风俗习惯、地理区域、社会制度及一国政府采取的不同政策等，都会对需求产生影响。

在之前的需求函数中，自变量只有价格，把各种影响因素考虑进来以后，可以写出一个多变量的需求函数，即把上述因素都包括进函数式中，如下所示。

$$Q = f(M, P_R, E, J, T)$$

式中：M—— 收入。

P_R—— 相关商品价格。

E—— 预期。

J—— 偏好。

T——其他因素。

五、需求量变动与需求变动

（一）需求量的变动

需求量的变动是指在其他条件不变的情况下，商品本身价格变动所引起的商品需求量的变动。需求量的变动表现为同一条需求曲线上点的移动。在影响消费者购买决策的许多其他因素不变的情况下，价格的变化直接影响着消费者的消费需求，在经济学中，这就是"需求量的变动"。

（二）需求的变动

在经济分析中，除了要明确"需求量的变动"，还要注意区分"需求的变动"。需求的变动是指在商品本身价格不变的情况下，其他因素变动所引起的商品需求的变动。需求的变动表现为需求曲线的左右平行移动。

在某种既定价格下，当人们对商品需求减少时，表现在需求曲线中就是曲线向左移；当人们对商品需求增加时，在需求曲线中就表现为曲线向右移。总而言之，需求曲线向右移动被称为需求增加，需求曲线向左移动被称为需求减少。

引起需求量变动和需求变动的原因不同，需求不仅受商品价格、收入、相关商品价格的影响，还受偏好、预期、购买者数量的影响。

第三节　市场供给分析

一、供给的含义

供给是指卖方在某一特定时期内，在每一价格水平下，生产者愿意而且能够提供的商品量。供给是生产愿望和生产能力的统一，缺少任何一个条件都不能成为有效供给。这也就是说，供给是卖方根据其生产愿望和生产能力决定想要提供的商品数量。通常用供给表、供给曲线和供给函数三种形式来表述供给。

二、供给表

供给表是表示在影响某种商品供给的所有条件中，仅有价格因素变动的情况下，商品价格与供给量之间关系的表格。

三、供给曲线

根据供给表描给出的曲线就是供给曲线。供给曲线是表示一种商品价格和供给数量之间关系的图形。横坐标轴表示的是供给数量，纵坐标轴表示的是价格。供给曲线是向右上方倾斜的，则表示商品的价格和供给量之间是正相关的关系。

四、供给函数

供给函数是以代数表达式表示商品价格和供给量之间关系的函数。最简单意义上的供给函数，是将价格（P）作为自变量，供给量（Q_s）作为因变量，供给函数关系如下。

$$Q_S = c + dP$$

其中 c、d 为常数，c 为常数项，d 为关系系数。

由价格前面的正号可知，上式显示出供给量和价格之间同方向变化的规律。

供给曲线上的点表示的经济含义：①在给定的价格水平上，供给者愿意提供的最大商品数量；②对于给定的具体商品数量，生产者愿意索取的最低价格。

五、供给定理

从供给表和供给曲线中可以得出，某种商品的供给量与其价格是呈相同方向变动的。价格与供给量之间的这种关系对经济中大部分物品都是适用的，而且，实际上这种关系非常普遍，经济学家称之为供给定理。

供给定理的基本内容：在其他条件相同时，某种商品的供给量与价格呈同方向变动，即供给量随着商品价格的上升而增加，随着商品价格的下降而减少。

六、影响供给的因素

（一）生产要素价格

为了生产某种商品，生产者要购买和使用各种生产要素，如工人、设备、厂房、原材料、管理人员等。当这些投入要素中的一种或几种价格上升时，生产某种商品的成本就会上升，厂商利用原有投入的资金，提供的商品将会相对减少。

若要素价格大幅度上涨，厂商则会停止生产，不再生产和供给该商品。由此可见，一种商品的供给量与生产该商品的投入要素价格呈负相关关系。

（二）技术

在资源既定的条件下，生产技术的提高会使资源得到更充分的利用，从而引起供给增加。生产加工过程的机械化、自动化将减少生产原有商品所必需的劳动量，进而减少厂商的生产成本，增加商品的供给量。

（三）相关商品的价格

对于两种互补商品，一种商品价格上升，将导致对另一种商品的需求减少，供给也将随之减少。互补商品中一种商品的价格和另一种商品的供给呈负相关关系。对于两种替代商品，一种商品价格上升，将导致对另一种商品的需求增加，供给也将随之增加。替代商品中一种商品的价格和另一种商品的供给呈正相关关系。

（四）预期

企业现在的商品供给量还取决于对未来的预期。若是预期未来某种商品的价格会上升，企业就会把现在生产的商品储存起来，减少当前的市场供给。

（五）生产者的数量

生产者的数量一般和商品的供给呈正相关关系，即如果新的生产者进入该种商品市场，那么，市场上同类产品的供给就会增加。

七、供给量的变动与供给的变动

（一）供给量的变动

供给量的变动是指在其他条件不变的情况下，商品价格变动所引起的商品供给量的变动。供给量的变动表现为同一条供给曲线上点的移动。

在影响生产者生产决策的许多其他因素不变的情况下，价格变化会直接导致商品供给数量的变化，在经济学中，这就是"供给量的变动"。

（二）供给的变动

与需求相同，在经济分析中，除了要明确"供给量的变动"，还要注意区分"供给的变动"。供给的变动是指在商品价格不变的情况下其他因素变动所引起的商品供给的变动。供给的变动表现为供给曲线左右平行移动。

在某种既定价格下，当某种商品生产资源价格上涨时，厂商对该商品的供给减少，此时供给曲线向左移；通过科技手段来使该商品的生产能力变强时，供给曲线向右移。供给曲线向右移动被称为供给的增加，供给曲线向左移动被称为供给的减少。

第四节　市场均衡与政府政策

一、市场与均衡

（一）均衡价格

1. 均衡定义

经济学分析市场的一个基本工具是均衡。均衡分析有一百多年的历史，至今仍然是一个强有力的分析工具。均衡分析最初是经济学家从物理学中借用过来的，它是一种分析不同力量相互作用的方法。在宇宙空间中存在着各种各样的力量，各种力量相互作用，达到一种稳定的状态，即均衡状态。在均衡状态下，没有任何事物会发生新的变化。在市场上，供给和需求是两种基本的力量。经济学中的市场均衡，就是指供给和需求的平衡状态。

2. 市场均衡核心

价格是市场均衡的核心，需求和供给都受价格影响。但需求和供给对价格做出反应的方向不同：需求量随着价格的下跌而上升，供给量随着价格的上升而上升。因此，需求量和供给量不可能在任何价格下都相等。但需求和供给的反向变化也意味着，使需求量和供给量相等的价格是存在的。

在经济学上，把使需求量和供给量相等的价格称为"均衡价格"，对应的需求量（供给量）称为"均衡产量"。也就是说，在均衡价格下，所有的需求量都能得到满足，所有愿意在这个价格下出售的产品都可以卖出去。

3. 均衡价格与边际成本

在需求量等于供给量的状况下，均衡价格是由需求曲线和供给曲线的交点决定的。

（1）需求曲线与消费者的边际效用曲线重合。需求曲线上的价格代表了消费者的最高支付意愿，也就是厂商要把某一固定产量的商品全部销售出去，可以卖出的最高价格。为什么随着产量的增加，消费者愿意付的钱越来越少？因为边际效用是递减的。也就是说，每个人一开始总是满足最迫切的需要，他愿意为最迫切的需要付出的代价最大；最迫切的需要得到满足之后，对于不那么迫切的需要，愿意付出的代价就相对较小。

（2）供给曲线与生产者的边际成本曲线重合。它可以理解为厂商愿意接受的最低价格。只有消费者愿意付出的价格高于或至少不低于生产者愿意接受的价格，交易才会给双方带来好处，产品才有可能成交。假设对于一件商品买家最高只愿意出 10 元钱，但卖家最低只能接受 12 元钱，那么交易就不会出现。因此，有效率的交易只会出现在均衡点的左侧，即需求曲线高于供给曲线的部分。

4. 均衡价格与边际效用

根据前面的论述，均衡价格也可以看作消费者的边际效用等于生产者的边际成本时对应的价格。这是因为消费者的最优选择意味着他愿意接受的市场价格等于其边际效用，生产者的最优选择意味着他愿意接受的市场价格等于其边际成本。这样一来，价格就把生产者和消费者联系在一起，均衡实现了双方最优。这个原理可以表示为：边际效用＝均衡价格＝边际成本。

可见价格是一个杠杆，它在消费者和生产者分离的情况下实现了"鲁滨孙经济"中消费者和生产者一体化情况下的最优选择条件，即边际效用＝边际成本。

5. 均衡状态下的总剩余

交换带来的社会福利增加总额，即总剩余。总剩余包括两部分：一是消费者剩余，二是生产者剩余。消费者剩余就是消费者愿意支付的价格和他实际支付的价格之间的差额。总收入和总成本之间的差值即生产者获得的生产者剩余，也就是利润，其计算公式为：总剩余＝消费者剩余＋生产者剩余。

只有在均衡条件下，总剩余才能达到最大，此时的市场效率是最大的。如果市场处于均衡状态的左侧，则有一部分价值没有办法实现；如果市场处在均衡状态的右侧，消费者愿意支付的价格小于生产者愿意接受的最低价格，就会出现亏损，造成社会福利的损失。所以均衡本身对应的是经济学上讲的"最大效率"，偏离均衡就会带来效率损失。当然，现实生活中不可能总是达到最大效率这种状态。更准确地说，均衡不是现实，而是现实发生变化背后的引力。下面分析一下非均衡状态如何向均衡状态调整。

（二）均衡的移动和调整

不管是供给曲线，还是需求曲线，均会受到很多因素的影响，并且这些影响因素是随时间而变化的。影响需求曲线移动的因素有消费者偏好、收入、替代品和互补品的价格，或者其他制度性的、文化的因素的变化。影响供给曲线移动的因素有生产技术、要素价格和原材料价格、要素供给量的变化。

因此，均衡点就随时间变化而变化，价格和供求的调整过程是动态的，就像追踪一个移动的靶子，而不是追逐一个固定的目标。

从动态角度看，市场总是处于调整当中，现实经济总是处于非均衡状态。现实中的价格总是和理论上的均衡价格不完全一样，但市场价格总是围绕随时间变化的均衡点而不断调整。这就是均衡分析的意义所在。

最后需要指出的一点是，前面把均衡点的变化和调整过程当作一个非人格化的过程。事实上，在现实市场中，均衡点的变化和调整主要是通过企业家活动实现的。企业家是善于判断未来、发现不均衡并组织生产、从事创新活动的人。尽管企业家也会犯错误，但正是他们，使得市场经济不仅有序，而且在不断发展。

（三）非均衡状态及其调整

非均衡状态可以划分为两类，实际价格低于均衡价格或实际价格高于均衡价格。通常情况下，当价格低于均衡价格时，消费者愿意购买的数量大于生产者愿意出售的数量，这就出现了供不应求的现象；当价格高于均衡价格时，消费者愿意购买的数量小于生产者愿意出售的数量，这就出现了供大于求的现象。无论哪种情况，都有一方的意愿不能实现，从而导致效率损失。

1. 非均衡状态概述

为什么非均衡状态会出现？最基本的原因是在现实市场中，信息是不完全的。在传统的教科书中，通常假定信息是完全的，每个人都知道供求曲线和交点的位置。在这个假设下，不会有非均衡，这与现实是有出入的。市场通常由若干买家和卖家组成，他们当中每一个个体的决策都会影响整个市场，但没人知道市场的需求曲线和供给曲线具体是什么形状，消费者甚至连自己的需求曲线都画不出来，生产者也画不出自己的供给曲线，更没有人能准确知道其他人的需求和供给，因此，没有人知道均衡点究竟在哪里。但实际交易就是在这种情况下发生的。尽管出于自身利益的考虑，消费者会寻找合适的卖方，生产者也会寻找合适的买方，并希望获得对自己最有利的交易条件，但这又会带来交易成本和等待成本。因此，交易不可能从均衡价格开始。

不均衡状态还可以理解为一种后悔的状态：当消费者按照商家的标价购买了一件商品，过一段时间发现该商品价格下降了，那当初消费者实际支付的价格就是非均衡价格，这就表现出消费者的"后悔"。同样，当生产者把产品卖出后如果发现价格上涨了，也会感到"后悔"。

2. 现实交易向均衡状态的调整

尽管现实不可能处于均衡状态，但现实交易总是呈现向均衡状态调整的趋势。这种调整是买者和卖者竞争的结果，买者之间和卖者之间的竞争使价格从不均衡趋向均衡。现在就来分析一下可能的调整过程。

首先考虑价格低于均衡价格的情况。设想由于某种原因，企业预期的价格低于均衡价格。此时，市场上供给的产品数量将少于消费者愿意购买的数量。当一部分消费者发现自己的购买意愿难以实现时，他们就愿意支付更高的价格，企业也会提高价格。随着价格的上升，一方面，消费者会减少需求，有些消费者甚至会完全退出市场；另一方面，企业会修正自己的预期，看到价格上升就会增加供给。如此，只要供给小于需求，价格就会向上调整，需求量随之减少，供给量随之增加，直到均衡为止。

现在考虑价格高于均衡价格的情况。如果市场价格高于均衡价格水平，企业会选择较高的产量，但在市场上，需求量低于产出量，造成部分商品生产出来后卖不出去。此时，由于销售困难，部分厂商会选择降价销售，以便清理库存，导致市场价格逐渐下降。随着价格的下降，企业相应地减少产量，部分生产者甚至退出市场，导致市场供给量下降；同时，随着价格的下降，部分潜在消费者进入了市场，需求量增加。如此，只要供给大于需求，价格就会向下调整，需求量随之增加，供给量随之减少，直至均衡为止。

（四）亚当·斯密论的价格调整

市场上任何一个商品的供给量，如果不能够满足对这种商品的有效需求，那些愿意支付这种商品出售前所必须支付的地租、劳动工资和利润的全部价值的人，就不能得到他们所需要的数量的供给。他们当中有些人，为了得到这种商品，宁愿接受较高的价格。于是竞争便在需求者中间发生。而市场价格便或多或少地上升到自然价格以上。价格上升的程度，要看货品的缺乏程度及竞争者富有程度和浪费程度所引起的竞争热烈程度。

反之，如果市场上这种商品的供给量超过了它的有效需求，这种商品就不可能全部卖给那些愿意支付这种商品出售前所必须支付的地租、劳动工资和利润的全部价值的人，其中一部分必须售给出价较低的人。这一部分商品价格的降低，必使全体商品价格随着降低。这样，它的市场价格，便或多或少降到自然价格（类似长期均衡价格）以下。下降的程度，要看超过额加剧卖方竞争的程度，或者说，要看卖方要把商品卖出的急切程度。

如果市场上这种商品量不多不少，恰好够供给它的有效需求，市场价格便和自然价格完全相同或大致相同。所以，这种商品都能以自然价格售出，而不能以更高价格售出。各厂商之间的竞争使他们都得接受这个价格，但不能接受更低的价格。

当然，无论供不应求还是供过于求，现实中的调整都比上面描述的要复杂一些。比如，在供不应求的情况下，市场价格也许会在短期内冲到消费者可接受的最高点，然后随着供给量的增加而逐步回落，经过一段时间的震荡后，逐步趋于均衡；在供过于求的情况下，市场价格也许会在短期内跌落到消费者愿意支付的最低点，然后随着供给量的减少而逐步回升，经过一段时间的震荡后，趋于均衡。

调整的时间因产品的不同而不同，调整的快慢主要取决于产品的生产周期。生产周期越长的产品，调整的速度越慢。例如，农作物的生产周期是以年来计算的，调整至少需要一年的时间；而服装的生产周期很短，调整速度相对快一些。

因而，如果需求曲线和供给曲线不随时间而变化，则不论调整的时间多长，市场价格最终一定会收敛于均衡水平。现实中，尽管绝大部分产品市场达不到经济学意义上的均衡，但仍然可以达到日常生活意义上的均衡，即在现行的价格下，消费者的意愿需求总可以得到满足，生产者也可以售出自己计划生产的产品。实际价格的相对稳定性就证明了这一点。现实市场之所以达不到经济学意义上的均衡，是因为需求曲线和供给曲线都随时间变化而变化。

二、政府干预的效率损失

（一）价格管制及其后果

在市场经济国家，政府有时会对价格和工资实行限制。与计划经济的政府定价不同的是，市场经济国家的价格管制一般只规定最高限价或最低限价，而不是直接定价。最高限价，即规定交易价格不能高于某个特定的水平，也就是卖出商品的标价不能超过规定的最高价格。最高价格一定低于均衡价格，否则是没有意义的。

最高限价会带来什么后果呢？从效率上看，一些本来不是非常需要这个商品的人也进入了市场，该商品对这些消费者的效用并不高，但他们也很可能购买该商品，这对社会资源是一种浪费。而该商品对另外一些人的价值较大，但在限价后他们可能买不到这种商品，这又是一种效率损失。政府会有什么对策呢？既然需求大于供给，政府可以选择的一个办法是强制企业生产市场需要的产量。这就是价格管制经常会伴随计划性生产的主要原因。强制生产的结果是什么？假如政府的生产计划确实能够实现，此时生产的边际成本远远大于商品给消费者带来的边际价值，这是一种资源的浪费。

有时候政府制定了最高限价并强制企业生产，如果企业亏损则给予财政补贴。但这会弱化企业降低成本的积极性，甚至诱导企业故意增加成本、制造亏损，因为亏损越多，得到的补贴越多，不亏损就没有补贴。这又是一种效率损失。

如果政府没有办法强制企业生产，那就只能配额消费，在1200单位的需求量里面分配400单位的产量。配额消费会引起什么问题呢？如果政府通过抓阄儿的方式随机分配配额，将导致前面讲的效率损失，因为能得到该商品的并不一定是需求最迫切的消费者。

为了解决供过于求的问题，政府就不得不实行配额生产。即便政府能够保证把配额分配给成本最低的企业，但由于与需求量对应的产量小于均衡价格下的产量，也存在效率损失。当然，政府也可以强制消费者购买过剩的产量，但这样做不仅损害了效率，而且限制了消费者的选择自由。如果政府既不能成功地实行生产配额，也不能成功地强制消费，最低限价也就没有办法维持。解决问题的办法是把生产者价格和消费者价格分开，这就需要对生产者给予价格补贴，每单位产品的补贴额等于生产者价格和消费者价格的差额。对生产者来说，这种补贴是一种收益，但对整个社会来讲，则是总剩余的减少。

（二）税收如何影响价格

政府干预市场的另一个方式是征税。政府需要征税获得财政收入，税收的结构和额度将会改变市场的均衡状态。政府征税类似于在供求之间加入一个楔子，对价格和交易量都会产生影响。税负最终由谁来承担？这取决于需求曲线和供给曲线的特征。但是无论如何，税负通常会降低交易效率。现在引入政府征税。

1. 从量税

税收中有一种税叫做从量税，是对生产者销售的每一单位产品进行征税。征收这种从量税以后，成交价格上涨了，均衡数量下降了。

下面来分析税负是由谁来承担的。表面上看消费者没有直接交税，但并非如此，实际上消费者与生产者共同承担税负。政府征走的税可以作为转移支付，不会降低总剩余。但是征税后交易量的下降却降低了总剩余。可见，从量税会导致一定的效率损失。另外一种从量税是对消费者征税，与政府对生产者征税相同。

现在来看一种特殊的情况。假如供给曲线与价格没有关系，而需求曲线向下倾斜，垂直的供给曲线并不发生变化，均衡价格、量产也不变化，在这种情况下，税负全部由生产者承担。如果从量税是对消费者征收的，消费量没变，实际支出与没有税收时是一样的。税负仍然全部由生产者承担。再看另外一种情况，假如供给是有弹性的，而需求是无弹性的，也就是通常所说的"刚需"。生产者没有承担税负，此时税负全部由消费者承担。假设供求曲线不变，税负这时仍全部由消费者承担。只要需求和供给都有一定的弹性，税负就会造成生产效率的下降。

由此可以得出这样的结论：如果供给是无弹性的，需求是有弹性的，税负将全部由生产者承担；如果需求是无弹性的，供给是有弹性的，税负将全部由消费者承担。

一般情况下，无论向哪一方征税，都是供给弹性和需求弹性的比值直接决定着税负的分担比例，简单来讲，就是供给与需求哪一方弹性小，相应负担的税收就大，一方面，需求弹性相对小，则消费者承担的税负比重高；另一方面，供给弹性相对小，则生产者承担的税负比重高。政府的税收政策一般会带来效率损失。只有在需求或供给无弹性的时候，税负才不造成效率损失，此时税负全部由消费者或生产者承担，没有导致交易数量的变化。只要需求和供给有一定的弹性，税负就会造成生产效率下降。

生活必需品的需求弹性是比较小的，比如粮食价格上涨 50%，人们的消费量不会减少 50%。所以对生活必需品的征税大部分转嫁给了消费者。奢侈品通常需求弹性比较大，承担税负的主要是生产者。

2. 从价税

从量税是根据销售数量进行定额征收，从价税则是按销售价格的一定比例征收。无论哪种情况，只要供给和需求是有弹性的，税负就会产生效率损失。

3. 所得税

除了对交易征税，政府还会对个人和企业的收入征税，这种税被称为所得税。它是以所得额为课税对象的税收的总称。很多地方征收企业所得税，还有个人所得税。所得税影响生产者的积极性，因而会影响产品价格。

总体来讲，税负不可能最终只由纳税人来承担。因为税负影响生产者的积极性，所以生产者会提高价格。假如所得税税率过高，没人愿意生产了，行业的供给量将会减少，就会导致市场价格上升，因此消费者就要承担部分税负。设想一个极端的情况，假如征收 100% 的利润税，企业赚的钱都纳税了，没人愿意办企业了，最后损害的将是社会上的每一个人。

第四章

现代经济管理体制

第一节　经济管理体制的优化与完善

一、经济管理体制的优化

我国经济随着改革开放的进程在快速地发展，但是在发展过程中出现了一些问题，如农村经济发展缓慢、中小型企业发展受阻等，这些问题制约了我国经济的可持续发展。因此政府机构要根据时代的需求不断完善市场经济管理体制，同时根据实际发展需要不断对经济结构进行调整，完善市场秩序，保证经济管理体制在我国经济管理过程中能够适应社会的发展，从而促使我国经济健康发展。

（一）经济管理体制的特点及现状

经济管理体制主要体现在各种经济或管理关系中，经济管理体制涵盖了所有体系、不同经营结构、管理监督系统等，因此科学规范的经济管理体制可以促使经济良好发展。

现阶段我国经济结构中大部分仍然是公有制经济，但是我国国有经济在进行经济管理过程中，运用的依然是以往的计划经济体制的管理思维，这种情况极大地降低了公有制企业的活力，而且在经济管理过程中，政府对经济发展过程干预过多也导致企业对自身发展失去了主动性，降低了企业的积极性，影响了企业的发展。

（二）经济管理体制的优化措施

公有制经济在我国经济结构中占绝大部分，因此为了优化经济管理体制，主要从公有制企业入手，在这个基础上，可以采取以下措施。

1. 优化经济结构

在我国经济结构中国民经济支柱大多是重工业，这对我国经济的可持续发展是不利的，因此，政府相关部门应该从实际出发，制定相关政策，不断优化经济管理体制，促使市场经济结构转型；同时为了整体经济的可持续发展，应逐步增加第三产业行业经济的比重，政府应该对高新技术、公共行业、涉及国家安全的行业加大扶持力度，对危及生态环境的重污染行业加大打击力度。此外，为了促进社会资源的优化配置，政府应该制定相关政策，引导市场消费结构调整，从而进一步推动国企改革，避免不同行业的垄断行为，政府也应该根据国有企业发展的特点进行分析，结合我国的实际国情逐步调整国有企业经济结构，为其他企业的经济结构调整做出模范带头作用，从而促使经济结构全面调整。

2. 调整市场经济秩序

到目前为止，政府在进行经济管理的过程中，对公有制企业和国有资产的管理不加以重视，从而导致市场经济秩序调整的重心发生偏移，往往不能达到良好的效果，因此为了市场经济秩序能够有效地调整，政府人员应该加大对公有制企业和国有资产的管理力度，根据实际情况逐步调整公有制经济的市场秩序，从而为公有制经济的发展提供多样化的机遇，促使公有制经济平稳发展。

为了促使市场经济平稳发展，首先，政府机构应该放弃过多干预企业发展的行为，采取适当的企业减负措施，促使企业不断改革，完善企业经济管理制度，促使其不断适应社会主义市场经济。其次，国有企业的改革刻不容缓，在进行国有企业改革的过程中，也要注重政府与企业的分离，将产权改革作为入手点，逐步建立现代企业制度，细化企业的产权和职责。同时，为了防止政府部门垄断企业管理，也应该逐步完善监督运营机制。最后，由于公有制经济在市场经济中的重要地位，市场经济布局的调整主要应从国有企业入手，同时，政府也应该为中小型企业提供更大的发展空间，促使其不断发展，为市场经济结构注入新的活力。

3. 促使城乡、企业协调发展

现阶段我国农村经营体制改革和税收体制改革取得了良好的成效，提高了农业生产力，引入大型农业设备在降低农民工作量的同时增加了农民收入，从而逐步缩小了城乡经济差距。为了进一步缩小城乡差距，当地政府可以定期组织乡镇管理人员举办座谈会，对各乡村发展过程中出现的问题进行综合分析，从而制定出合理的乡村发展方案，不断提升乡村经济效益。

社会的发展与进步离不开企业的推动，而企业也是国民经济正常发展的重要部门。政府需要对经济体制进行创新，减轻企业发展的负担，根据实际情况，不断完善企业规章制度，促使企业良好发展。当地政府也应该制定中小型企业扶持政策，建立"大帮小"的企业合作模式，促使大型企业与中小型企业同步发展。中小型企业可以借鉴大型企业的发展经验，不断提升自身经济效益，而大型企业也可以通过带动中小企业的行为提高自身社会地位，两者也可以通过合作学习，不断进行企业制度完善，从而优势互补，持续发展进步。

总而言之，为了逐步优化我国的经济管理体制，首先应该注重公有制经济体制的改革，逐步将计划经济体制转变为市场经济体制，促使我国经济管理体制不断适应时代的需要，在优化经济结构和调整市场布局的基础上，也要注重乡村经济、中小型企业的经济改革，从而不断完善我国的经济管理体制，进一步推动国民经济的发展。

二、经济管理体制的完善

（一）经济管理体制发展的难点

（1）随着社会的发展，人们需要越来越多的公共服务，人们也渴望维护自己的权益，这种情况与政府提供的公共产品和公共服务相矛盾。2023 年，我国人均 GDP 为 8.94 万元，在强调工业化发展的过程中，人民群众要求具有较高水平的物质文化，对国家的期望也越来越大。但是我国的实际情况不同于发达国家，我国人口众多、幅员辽阔、经济还不发达，存在着明显的城乡地区差别，这种状况不可能在短期内消失。此外，受国家财力影响，政府提供的公共产品与公共服务也不可能一步到位，而是循序渐进，在教育、卫生、社会保障等各个方面寻求新的突破。我国当前这种状况也不符合人民群众对政府的要求与期望。

（2）在改革过程中，行政管理体制改革深刻地影响着整体的改革进程。尤其是随着改革的深入发展，行政管理体制改革不但影响着经济体制改革，也影响着政治体制改革，在改革中处于非常关键的地位，所以只有做好行政管理体制改革，才有利于各项改革的顺利开展。

（3）政府管理模式需要改变，必须通过经济手段和法律手段逐步改变，中间一定有很多困难。首先，政府部门要转变观念，淘汰计划经济体制下的各种认识，逐步从政府主体发展为市场主体。其次，不能过多地利用行政手段影响经济活动，不再过多进行微观管理，而是应该实行宏观管理，在管理中较多应用法律与经济的方式，建设法治型政府，做到依法行政。最后，要遵循规律做事。

（二）完善经济管理体制和维护市场秩序的对策

1. 要进一步加大宏观调控的力度

要充分发挥国债在国家宏观调控中的作用，正确引导社会投资活动。投资的增长速度将直接影响我国的经济发展速度。因此，需要把社会投资活动与国债联系起来，找到两者之间的平衡点，实现经济的快速增长。在投资增长的过程中，可以采用相应的方式来促进消费。消费能力与消费水平对社会投资起着一定的促进作用。只有将消费与投资结合，保持两者之间的互动关系，才能对经济发展起到积极的作用。

2. 创新体制，调整结构

技术进步和生产力发展的主要动力来自企业，而国家经济的发展是企业具备活力和生命力的重要条件。当前经济体制中还存在一些问题，主要原因在于企业活力不足，在当代管理制度中，国家对企业的限制、要求比较多，给企业增加了无形的压力。要解决企业管理机制中存在的问题，就要减少政府对企业的干预，保持政策的灵活性，减轻企业的生存压力。应结合社会主义市场经济原则，创建适合企业生存发展的规章制度，确保企业员工的合法权益，促进劳动和生产积极性的提升，彻底改变原来的劳资制度，促进企业经济效益的提升。

调整市场经济体系，制定相应的政策，实现资源的优化配置，达到合理利用资源的目的。加快寻找经济增长点，优化消费结构，利用升级优势达到优化产业结构的目的，促进我国人民生活水平的不断提升。要改革受到计划经济影响的国有企事业单位，转变企业管理方式，改革企业体制。某些企业虽然市场竞争力较强，但受外在因素的影响，利润较低，因此，需要在市场经济环境下，结合自身情况优化企业结构。

3. 加强农村改革，实现协调发展

我国国民经济的基础在农村，农业对中国的经济建设作出了巨大贡献，也为现代城市提供了物质保障。随着新政策的不断实施，城乡一体化得到发展，一些乡镇改革取得了显著成效。在改革农村的过程当中，要优化、重组党政机构，促进党政机构办事效率的提升，同时将活力注入新农村发展当中。完善财政管理体制，加大管理农村债务的力度。随着改革试点的不断推进，我国在改革方面积累了丰富的经验，对经济体制和税收制度的改革逐渐减轻了农业生产的负担。但是随着经济的进一步发展，农业经营体制也出现了很多问题，生产效率的不断提升在增加农副产品数量的同时，改变了供求关系，凸显了农业生产结构中的矛盾。在市场中，农副产品的价格增长较为缓慢，这也是农村经济增长面临的问题。不同地区的经济增长情况各不相同，经济收入方面的差距也非常明显，这逐渐拉大了城乡经济发展水平的差距，在某些地区，农村生活水平仍然较低。

（三）调整经济管理体制的结构

1. 促进经济布局调整

制定长远的发展战略，有效地调整国有经济结构。过去，国家只注重国有资产及其管理，忽视了国有资本经营的重要性。当前需要转变这种观念，将国有资本的管理作为重点，实现经济效益的最大化，形成多元化产权局面。在分析我国

经济管理体制时，要综合考虑我国现有的经济状况和国有企业所处的地位，通过控制国有企业实现对国民经济的调控。我国的国有经济涉及不同的行业和领域，同时也关乎国家的安全和发展，因此需要加大对公共产品和高新技术的研发力度，促进企业不断发展。

2. 加强国有企业改革

要将改革国有企业作为完善经济管理体制的一项重要措施，重视改革，加大相关改革的力度，将二者有效结合，实现共同进步、共同发展，在实践中获得突破性发展。

3. 促进小型企业和大型企业的共同发展

在发展大型国有企业的同时，要加大对小企业的扶持力度。国有企业实现战略性改组，要增强国有经济的实力和发展能力，制定正确的战略进一步完善国有企业制度；实现国有企业和非国有企业的联合、兼并，促进其合作关系的专业化和社会化。加大对企业自主知识产权的研发力度，使其逐渐形成自身的核心竞争力，促进其产品的研发和自主创新能力的发展。中小型企业要利用资产重组的机会，出让经营权，优化所有财产的组织形式，增强在市场中的独立竞争能力。

我国的经济体制已从原来的计划经济体制过渡到市场经济体制。在这个过程中，市场与社会、政治、经济的关系日渐紧密，促进了经济的快速、健康发展。虽然在发展经济的过程中会遇到各种挫折和困难，但在国家宏观调控和不断实践的探索下，经济管理体制将继续完善，国民经济将得到更好发展。

第二节　开发区管理体制改革趋势

改革开放以来，我国开发区依靠优惠政策、体制优势和有效运营，发挥了区域经济发展的窗口、示范、辐射和带动作用。但是，随着经济全球化趋势的加快和我国市场经济体制改革的深化，开发区原有的政策与体制优势逐渐减弱，管理体制与经济社会发展要求不相适应的矛盾和问题日益凸显，迫切需要加大改革创新力度，破除体制机制障碍，继续保持快速、健康的发展势头。

一、开发区的现状和主要管理体制类型

我国开发区自 20 世纪 80 年代初开始建设，经过 1993 年和 2003 年两次大规模清理整顿，到 2006 年底，以经济技术和高新技术产业为主体的开发区从原有的 6866 个减少至 1568 个，其中国家级开发区 222 个，省级开发区 1346 个。近10 年来，开发区的数量增长趋势放缓，但随着各种新功能试验区试点的进行，开发区的类型逐渐增多，如省级政府批准设立的工业园区、产业园区、产业集聚区、工业集中区、高技术产业示范区、出口加工区、物流园区等。截至 2014 年底，国家级开发区共有 486 个，其中经济技术开发区 215 个、高新技术产业开发区 114 个、各类保税区 81 个、出口加工区 63 个、旅游度假区 13 个。出于类型范围和统计口径等原因，目前尚无省级开发区的准确底数。按照全国市县两级政府辖区内均有省级开发区推算，省级开发区保有量在 3000 个左右。

目前，管理体制主要有三种类型。

第一种：准政府的管委会体制。这类开发区管委会是辖区政府的派出机构，其主要职能是经济开发规划和管理，为入区企业提供服务，具有经济管理权限及相应的行政权力，还拥有一定的行政审批权。大部分开发区在建设初期都采用这种模式，国家级开发区也较多实行这种管理体制。其主要特点是管委会代表政府对开发区内的发展规划、投资建设、招商引资等进行管理，其内设机构精干，运行效率较高。

第二种：开发区管委会与行政区政府合一的管理体制。开发区管委会与所在行政区政府有机结合，以管理为主，兼顾行政区管理，实行一套机构两块牌子的运行机制。其内设机构基本保持开发管委会的架构，适当保留行政区政府必要的机构和职能。实行这种管理体制的开发区，其地域分布一般是覆盖整个行政区，或开发区就是原行政区的一部分。近些年来，我国各地均有开发区采用此模式，以东部发达地区居多。这种模式的主要特点是整合开发区和所在行政区内的行政管理、社会管理、公共服务等职能，使开发区管委会能够充分行使其职权，在处理开发区内经济发展事务的同时，有权处理区域内的社会事务，在一定程度

上扩大了管委会的权限范围。同时，由于开发区拥有较为独立的行政地位和职权，管委会可以因地制宜地开展区域内经济社会等方面的创新和改革。

第三种：以企业为主体的管理体制。在这种管理体制中，开发主体不是一级行政组织或政府派出机构，而是企业化的开发运营管理公司，由地方政府授权，实行市场化运作，对开发区内的规划、投资建设和招商引资等事项进行管理。这种管理体制的功能单一，主要是以经济效益为导向，弱化了行政管理职能。以企业为主体的管理体制最大的优势在于直接面对国内外市场，并以市场为导向，可以较为灵活地调整开发区的战略战术，特别是以企业法人身份，可通过上市融资来进行资本运作，能有效地解决开发区建设中的资金短缺等问题。其最大的不足是与政府部门协调不畅，缺乏政府支持，管理力度不够，社会认可度较低。一些规模较小、产业单一的工业园区采用此模式。

二、开发区管理体制存在的突出问题

改革开放 40 多年来，我国开发区在管理体制和运行机制等方面不断探索创新，有力地保障了开发区的建设发展。但是，随着改革的不断深入，一些深层次的矛盾和问题逐步显现出来。

（一）开发区的功能定位有所偏移

现有开发区的功能定位大都是区域经济发展的先导区和示范区，利用当地资源优势和区域优惠政策，高效引进外资、吸引先进技术，以区内经济带动区外经济的发展。大多数开发区采用"准政府"的管理体制，这使得开发区既不能像一级政府那样管理服务全覆盖，又要接受各方面的考核，其开发功能、经济功能和创新功能淹没在繁杂的行政和社会事务中，削弱了招商引资和创新发展的能力；加之，随着开发区建设规模的扩大，其承担的管理服务职能逐渐拓展，而国家宏观政策不断调控，开发区以前享有的一些特殊政策和经济管理权限被削弱，开发区逐渐趋同于普通行政区，造成开发区功能定位的偏移。当前，开发区面临着转变经济发展方式，优化调整产业结构，促进产业升级发展，打造城市经济核心区的重大挑战，需要在新形势下明确开发区的功能定位，以适应开发区转型升级为

"区域经济引擎"和"城市化加速器"的目标要求。

（二）开发区管委会的主体地位不明确

开发区管委会作为政府派出机构，其主体地位在目前的地方政府组织法中没有明确界定，相关规定散见于地方出台的管理条例及中央有关部门规章之中，如江苏省政府出台的《江苏省经济技术管理条例》，但这些地方性法规和部门规章只是明确了开发区管委会的一些行政管理权限，对开发区的功能定位、管理模式、组织原则和组织形式等并没有从法律上予以确立。开发区的法律地位不明确，造成制定的地方性法规与现行法律法规相冲突，难以执行。另外，对管委会的性质没有一个明确的立法界定，其行政主体地位一直备受质疑，给管委会依法管理开发区事务带来了挑战。当前，全面深化改革和推进治理能力现代化，要求开发区与区域社会形成良性互动关系，构建开放型经济新体制，建立法治政府和服务型政府，势必要对开发区管委会的主体地位以法律的形式予以明确。开发区管委会若继续作为区域政府的派出机构，则需要建立一套关于开发区的法律法规体系或对现行的法律法规进行修订。从国家层面来看，为属于地方政府管理的功能试验区制定或修订法律法规，其难度很大；若是通过改革融入所在行政区政府，则按照现行法律法规管理没有问题。开发区管委会何去何从，涉及多个方面，是理顺开发区与政府、企业、社会之间关系，实现依法治国，推进行政体制改革的一个重要问题。

（三）开发区管委会的职责权限不明晰

由于开发区在国家法律层面上没有明确的法律地位，其管委会所拥有的审批权等各项权限是由地方政府自行规定的。有立法权限的地方通过地方性法规或者政府规章的形式对管委会进行授权或者委托；没有立法权限的地方通过行政规范性文件进行委托。由于这些委托本身就存在法律依据不足的问题，造成管委会与上级政府和工作部门之间的管理权限划分不清楚、关系不顺畅。由于权限划分不清晰，一些开发区与上级政府工作部门出现了责任关系不明确和权限交叉过多等问题。在这种情况下，管委会和政府工作部门对一些责任大、难协调的工作，往往是互相推诿，导致工作效率低下。还有一些地方政府随意调整管委会的权限、职能，权力收放没有合理合法的依据。有的地方政府虽然对管委会的管理权限范围进行了界定，但仍存在授权不到位或无法落实的问题。一些可下放给开发区的权限，如产业规划、土地征用、资金融通、行政执法等，受部门政策条文制约，无法真正落实，影响了开发区职能权限的有效发挥。

（四）开发区的管理方式不适应建设发展的需要

随着开发区的不断发展壮大，经济效益带来人口等方面的集聚，开发区已不再是一个单纯的经济功能区，而日益成为一个综合性的行政区域，并涉及越来越广的行政管理范围及公共管理领域。开发区的主要职能定位也不局限于土地开发、招商引资、企业服务等传统的经济工作，而是逐步拓展到劳动就业、民政福利、公共环境、社会治安等社会性工作。对此，一方面上级政府只关注开发区经济指标的管理方式已不能适应；另一方面开发区自身单纯管理经济开发工作的方式也不能满足社会管理等职能增多的实际需要。一些经济发达的开发区，在完成了设立初期规划区域内的开发建设任务后，为了延续优惠政策，维持经济快速增长势头，缓解开发区土地资源紧缺矛盾，开始对开发区进行扩容，增加区划面积，使开发区管委会面对更多的管理服务对象和具体事务，由于管理方式落后等，开发区管委会陷入"小马拉大车"的尴尬境地。

（五）开发区管委会的机构编制管理不规范

开发区管委会的机构设置和编制配备与政府和机关单位不同，我国历次政府机构改革和事业单位改革，基本上未涉及开发区，其机构编制管理上存在的问题非常复杂。由于没有法律法规和规章制度规范，一些开发区管委会在机构规格、内设机构、编制核定等方面合法性不足，管理上缺乏规范性依据。各地开发区管委会规格不一，机构编制核定亦有差别，有的使用行政编制，有的使用事业编制，部分开发区还存在行政和事业编制混用的现象。一些大的开发区，由于需要承担行政执法、社会管理和公共服务等职责，在行政编制总量控制的情况下，加大事业编制核定数量或者聘用大量编外人员，有的开发区编外人数超过在编人数，存在混编混岗和人员素质参差不齐的问题，这些都加重了内部管理的负荷，在一定程度上给开发区的管理带来了负面影响。另外，随着规模的扩大和各种新型功能试验区的建立，开发区对于增加机构编制的需求越来越大。

三、开发区管理体制改革趋势分析

（一）改革趋势

我国开发区具有优良的投资环境、较高的土地集约程度、开放的经济体系、集中的现代制造业和高新技术产业、突出的产业集聚效应等优势，持续发展动力强劲。当前，在国家各项政策措施的激励下，开发区已经跨入"二次创业"的发展阶段，总体目标是加快发展先进制造业和现代服务业，聚集高端技术产业和战略性新兴产业，向城市次中心、现代化新城区发展，全力打造好经济社会发展的新平台。面对新的形势和任务，作为保障改革顺利进行的管理体制，其改革事关重大、势在必行。

党的十八届五中全会提出"改革是发展的强大动力。必须按照完善和发展中国特色社会主义制度、推进国家治理体系和治理能力现代化的总目标，健全使市场在资源配置中起决定作用和更好发挥政府作用的制度体系，以经济体制改革为重点，加快完善各方面体制机制，破除一切不利于科学发展的体制机制障碍，为发展提供持续动力"。按照这一总体要求和行政体制改革的相关要求，结合开发区发展的改革需求，今后一段时期，我国管理体制改革的重点是以提升开发区治理能力为目标，进一步理顺开发区与市场、社会、政府之间的关系，建立符合简政放权、转变职能、提供服务要求的组织架构，形成功能完善、分工合理、权责一致、运转高效、法治保障的机构职能体系。

从我国开发区未来的发展趋势看，随着改革的不断深入，开发区的功能定位将由目前的区域经济发展先导区、示范区，逐步转变为高端技术产业和战略性新兴产业集聚区，成为区域经济发展的核心区，进而逐步成为城市次中心和现代化城市新区；随着开发区功能定位的转变，管理机构的主体地位将由目前作为政府派出机构的管委会，逐步明确为与行政区政府融合或合署办公的管理机构，进而逐步明确为行政区政府或新区政府；开发区管委会融入政府后，其招商引资、开发建设、运营管理等职能，可由市场化的开发经营公司承担；随着管理机构主体地位的变化，其职责权限将由单纯的功能区经济开发建设管理逐步明晰为区域经济管理、行政管理和社会事务管理，进而逐步明晰为城市行政区全方位管理；随着管理体制改革的深入，开发区的管理方式将由简单、粗放型向和谐、高效型转变，其机构编制管理也将逐步实现科学化、规范化、制度化。

（二）对分类改革模式的考虑

鉴于我国开发区类型多、数量大、情况复杂、发展不平衡，又长期积累了管理体制问题，很难通过改革一次性解决，需要坚持问题导向，区别不同情况分类进行。改革模式主要有以下几类。

（1）开发区规模较小，管委会主要承担规划建设、招商引资等经济管理职能，功能比较单一，其改革的重点是完善管委会的功能和组织架构，理顺管委会与区域政府工作部门之间的职责关系，仍作为区域政府的派出机构。

（2）开发区面积扩大、人口增多、产业升级，管委会所承担的经济管理、行政管理和社会管理职能增加，公共服务需求增大，其改革的重点是将管委会与所在行政区政府融合，逐步形成二合一或合署办公的组织架构；其内设机构以开发区精干高效、具有现代管理理念的机构设置为蓝本。

（3）开发区规模较大、规格较高，属城市经济发展核心区，管委会承担相同行政区政府的所有职能，由于产业升级，市场拓展和社会事务增多等，其改革的重点是通过调整行政区划，将开发区与其他功能试验区组合，并入调整后的行政区政府，按照"精简、统一、效能"的原则，以开发区管委会精干、高效的内设机构和人员编制为主体，组建城市新区政府。新区内设有一个或多个产业集群功能区（一区多园）。取消原开发区和其他功能试验区的管委会，由投资（控股）方组建或委托若干个实行市场化运作的经营开发公司，承担开发区和其他功能试验区的经济开发运营职责，其他行政管理职能和社会事务全部由新区政府承担。

以上三种改革模式具有递进关系，基本包含了我国开发区的主要类型和管理体制改革的成功经验，具有一定的针对性和可操作性，符合改革精神，可视为今后一段时期我国管理体制改革的一种趋势。

第三节　企业经济管理体制

在我国国民经济不断发展的环境下，市场环境中企业的竞争日趋激烈，企业要实现可持续发展就要持续增强自身实力，在日常经营管理过程中充分发挥企业经济管理体制的作用，全方位、多角度、多元化地认识企业经济管理及其体制的重要性，以对企业经济管理体制进行改革创新，保证企业经济管理工作正常健康开展。

一、企业经济管理体制创新改革的意义

在市场环境下企业经济管理体制创新改革对于企业日后的发展趋势与方向有着关键的实际意义，基本体现在以下几点：第一，企业经济管理体制创新是企业盈利的基础（要素之一）。在企业的经营发展过程中企业的正常经营管理是实施一切经济活动的基础，只有在拥有高效的经济管理体制、经济管理力度得到提升、企业的经济管理活动被高效贯彻落实的情况下，才能够保证企业其他运作过程正常开展，员工工作积极性提升，进而运用最低的成本来帮助企业获得最高的经济效益。因此，实行企业经济管理体制创新对于提升企业经济效益有着重大作用。第二，企业经济管理体制创新可以提升企业的市场竞争力。在市场竞争日益激烈的环境下，企业想要占据一席之地就需要提升竞争力。而企业要切实提升竞争力就应该从根源上提升企业的综合能力。只有合理的企业经济管理体制才能够精确完整地体现运营状态，发现企业在经营过程中的缺陷，进而根据不同情况采取应对措施，避免企业决策错误，提升企业的综合能力，最终增强企业在市场经济环境中的竞争力。第三，企业经济管理体制创新有利于提升企业资金使用效率，在企业经营发展过程中资金是不可或缺的。企业要获得经济效益就需要对资源的来源与动向进行监督管理，以便高效地分配资金。高效的企业经济管理体制

可以合理分配企业各项运作过程所使用的资金，使企业资金获得规范化管理。第四，企业经济管理体制创新有助于监控企业经营状态。企业在经营过程中各个部门所提供的财务数据是反映部门运行状态的真实数据，只有在企业经济管理体制创新，拥有高效的经济管理体制情况下才可以准确地对企业的财务数据进行管理与分析，进而得知企业的真实运营状态，以及企业决策在执行过程中存在的问题与缺陷，以便第一时间对政策进行调整。

二、企业经济管理体制的创新改革实践

（一）关注企业经济管理思维创新

传统的经济管理思维是阻碍企业经济管理体制创新改革的关键因素之一。所以，要开展企业经济管理体制创新改革就需要更新企业经济管理思维，摒弃企业传统的经济管理思维，制定不同的经济管理战略。全面考察目前市场经济环境下同行业企业的生存状态与运行情况，根据自身的实时状态形成全新的经济管理思维。另外，企业管理者还需要在企业经济管理思维中融入创新意识与改革思维，积极鼓励员工创新改革，表扬企业创新员工，鼓励员工能够结合企业状态与自身水平、认知来开展创新工作，让企业始终处于创新改革的环境中。

（二）重视企业人力资源管理创新

人力资源是企业在开展经济管理过程中不可或缺的内容，因此企业要实施经济管理体制的改革创新就要重视企业人力资源管理工作的创新。第一，要更新人才管理理念。正确认识人才对于企业的重要性。重视自身拥有的从管理到基层的员工，摒弃传统看资历、看文凭的人力观念，让企业中有能力的员工能够脱颖而出，充分发挥自身优势，做到人尽其用。始终秉持以人为本的管理理念，提升员工对企业的归属感，以提升人力资源管理效率。第二，要更新人力资源管理制度。员工在企业的正常运营过程中有着至关重要的作用，在企业经济管理体制创新改革实践中需要重视人力资源管理制度的创新，以制度来规范员工在企业中的工作态度与行为，通过建立奖惩机制、绩效制度等合理的方式来激发员工的工作积极性。定期组织员工进行专业知识培训或讲座，以提升员工的专业水平与创新

能力。

（三）强化企业经济管理战略创新

企业的经济管理体制中经济管理战略是与企业发展前景密切相关的重要内容。要强化企业经济管理战略创新就需要重视企业运营的经济效益，始终关注企业在市场经济环境中的机遇和挑战，利用市场经济环境形势来抓住提升企业核心竞争力的机遇。全面考察市场环境，针对企业当前状态制定科学合理的企业战略，并且明确自身的核心竞争力。当在市场环境中企业的核心竞争力面临威胁时则要做到强化企业经济管理战略创新，优化企业管理层次，以提升企业的经济管理质效，实现企业未来的健康长久发展。

（四）开展企业经济管理监管制度创新

企业经济管理监督管理制度是保证企业经济管理工作落到实处的重要内容。企业经济管理的创新需要以监督管理制度创新为基础。在企业经济管理、监督管理制度创新过程中需要根据市场环境的变化来制定控制监督管理条例，以保证企业管理层、员工都可以严格按照监督管理制度来开展工作，保证企业的日常运作规范化进行。针对企业各个部门的运行状态建立相关内部控制管理制度，以优化经济管理监督体系，保证监督管理制度能够落实到企业日常运行管理的每一个环节。

在市场竞争日趋激烈的现代社会中，企业应该高度重视经济管理体制，从更新企业经济管理理念，重视企业人力资源管理创新，强化企业经济管理战略创新以及健全创新企业经济管理监督管理制度等方面做起，根据市场环境与企业特征摸索出属于自己的经济管理体制，以实现企业的可持续健康发展。

第四节　农业经济管理体制

我国各地区经济发展不平衡，尤其是农业经济发展，各地由于自然条件、资金技术水平的不同，农业发展呈现出巨大差异，市场经济体制改革后，各地的农业经济对新政策的吸收程度不同，对新形势下的市场经济体制改革表现也不同。因此，有必要根据当前的经济形势，从宏观层面重新梳理国家农业发展的路径与思路，以农业的经济体制改革工作为重点，顺应我国市场经济体制改革的新变化，重视农业生产及发展的各个环节。

一、农业经济管理体制改革的必要性

（一）市场经济改革程度加深

我国是传统的农业大国，农业是我国的经济基础，市场经济体制改革对农产品的生产、加工、批发、零售都产生了全面影响，市场的供需关系直接影响着农业经济的发展水平，农业行业的企业想要在市场中占据一席之地，必须重视国家的市场经济体制改革，加大科研资金投入力度，有条件的大型农业集团可以成立研发部门，研发新的农产品种子，提高农产品亩产量，升级口感，提高农产品在市场上的竞争力，提高农业的市场经济活跃度。同时，农业主管部门要意识到市场对农业发展的各方面影响，加大在农业企业中的信息宣传力度，提高企业管理者对新政策的应用程度，政府部门要发挥好导向作用，积极介绍国外新的农业管理思路和产品研发信息，并发布相关法律法规，支持中小型农业企业的有效运转，帮助农民拓宽收入渠道，增强农产品消费者的消费体验。

（二）经济管理体制要具有灵活性

经济管理体制需要长时间的探索和实践。农业作为我国传统的三大产业之一，是我国经济体系中的重中之重，对我国国民经济的增长有基础性的保障作用，农业发展部门要对农业的经济体制管理工作予以高度重视，有意识、计划性地调整产业结构，谨慎、科学地优化产业结构，对于示范性的农产品要进行考察研究，积极学习国外经验，引进国外优质品种，加强国内各个地区之间的交流学习，更新管理理念，创新管理方法，提高农产品设备的配备完善程度，顺应市场经济体制改革的步伐，不能故步自封，以防经济管理体制出现滞后性。

（三）市场经济和经济管理关系紧密

改革开放以前，农业作为传统行业与市场的联系程度较低，我国小型集约化的农业生产也难以满足市场庞大的农产品需求，因此农产品商品化程度不高。但我国进行市场经济体制改革后，各个行业都不同程度地提高了市场参与度，科技水平的不断提高与强大的资金支持使我国的农业发生了巨大变化，尤其是东北三省凭借优越的自然地理条件，实行大规模机械化作业，农产品总产量连年增长，在国内市场和国外市场上都有很强的吸引力，由此可见，农业经济与市场经济有着紧密联系。随着我国人均收入的提高，人们对物质消费水平提出了新的要求，瓜果蔬菜和粮食消费总量相比过去有所增加，农副产品种类也日益丰富，未来我国农业经济与市场联系程度会不断提高。

二、我国农业经济管理体制改革发展需结合市场经济环境

（一）我国市场经济环境概况

改革开放后，我国彻底放弃计划经济体制，改为实行市场经济体制，用政府和市场这两只"看得见的手"和"看不见的手"来调控经济发展，并且取得了显著效果，我国众多行业都不约而同地提高了市场参与度，在促进行业发展的同时，我国国民经济发展水平也得到了显著提升。目前，虽然我国市场经济环境重视新科技、新工艺、新管理思想的运用，但是经济管理体制改革稍显滞后，这与我国多山、多丘陵的自然地理条件有直接关系，在未来的农业经济发展道路上，仍然要不断提高自身科技水平，提高农副产品的商品化程度，提高农业经济的活力。

（二）农业经济发展需要适度改革

与欧美等发达国家的大平原式农业发展模式不同，我国是多山、多丘陵的国家，平原面积严重不足，发达国家利用大型地面机械和地上飞机来耕种农业有其自身的适用性，可以达到资源的最大化利用，在满足国内口粮的同时向全球市场输出，"美国大豆""美国玉米"在全球的竞争力不容小觑。我国的农业发展虽然

不能效仿西方发达国家使用大型机械，但是仍然有提高市场参与度和提高科技水平的必要性。在选种方面，农业单位要注意国内和国外的市场动向，因地制宜，选择竞争力强、经济效益高的农产品进行种植。在产品种类和种子培育方面，要注重市场调研，听取消费者意见，科技部门要加大资金投入力度，积极引进国外优良的、抗病害能力强的品种，或者在国内已有的品种上进行改良，在提高产品质量的同时，节省研发环节的财力、人力、物力资源。市场经济体制改革后，农业单位务必要时刻关注市场动态，灵活调节经济管理政策。

（三）经济管理体制改革与当前市场经济环境变化有着直接关系

过去计划经济体制下，农业的生产与流通受到政府的严格管控，剩余生产力得不到有效发挥，紧缺地区由于生产力不足，人民生活水平有所下降。改革开放实行市场经济体制后，农业经济的生产力得以释放，农业发展需要政府单位和企业领导者时刻关注市场导向，明确农产品的定位，同时由于市场经济强大的弹性和包容度，如今农业经济的发展需要与其他有关行业合作发展，可谓是一荣俱荣、一损俱损，如农产品的种植需要肥料，农业机械的创新与发明也对农业经济有巨大的推动作用，牵涉化肥行业、农业机械行业等。因此，经济管理体制改革与市场经济环境有着直接关系，领导者必须重视对当前市场经济环境的考察。

三、市场经济体制下的农业经济管理体制改革思路

（一）重视农业经济管理体制创新

科学技术是第一生产力，创新是国民经济获得可持续发展的动力，因此政府部门和企业单位都必须重视创新。面对市场经济体制改革，农业的经济管理体制亟须创新。原有的管理体制只适用于传统时期的农业经济发展模式，与市场联系程度不高，跨区域调配与销售现象十分少见。在市场经济体制改革背景下，农业发展部门的管理者和农副产品行业的从业者必须提高创新意识，具备创新思维，农业生产部门要变革生产模式，农业发展部门要重视发展方式和科学技术的变革。高校农学专业要重视对农学人才的培养，企业要加强对员工的多方面能力培

养，促进"三农"事业的发展，保障我国农业经济的长远发展。

（二）鼓励多种农业经济形式并存

随着我国农业市场的不断扩展，农业经济总量连年增长，涌现了不少农业经济形式，我国农业主管部门必须正确审视这些新的农业经济形式，允许新型农业经济形式的存在，并且出台相关政策鼓励、扶持多种农业经济形式综合发展。我国农业经济的科学技术含量不高，与发达国家尚有很大差距，政府在鼓励农业企业加大科研投入力度的同时，也要重视对经济管理工作的支持，持续优化现有的经济管理体制，提高农业市场准入门槛，维护市场秩序，提高产业的科技发展水平。

（三）重视构建农业科技服务框架

农业科技的发展需要农业单位和高校农学专业的双重支持，政府作为市场的管理者和服务者，务必引导并服务二者的科技创新，构建农业科技服务框架。一方面，政府部门要积极考察市场环境，出台相关优惠政策，扶持中小型创新型农业单位，加大创新项目资金投入力度，计划性地减免创新项目申报单位的税收，鼓励农业行业的创新，为我国农业经济的发展提供不竭动力。另一方面，农业型高校的科研项目研究要落到实处，国家在支持农学科研项目开展的同时，也要严厉打击伪造科研材料、虚假申报科研资金的违规行为，避免资金和人力的浪费。高校要定期修订学生培养方案，保证培养目标科学有效，适当改革教学内容和形式，提高学生的理论素养和动手实践能力，在增加数量的同时提升农学专业毕业生的质量，为我国未来的农业科技创新提供源源不断的人才力量，促进我国农业经济的可持续发展。

（四）重视农村经济体制改革，推动乡村产业振兴

我国农业经济与农村经济发展有着千丝万缕的关系，二者几乎天然地不可分割。四十多年的改革开放，农村经济体制改革取得了巨大成绩，改革经验告诉我们，重视农村经济体制改革、推动乡村产业振兴有利于解决"三农"问题，进而

推动农业经济的发展。农村经济体制改革后，要允许非公有经济的存在和稳定运行，乡村产业振兴除需要公有制经济的基础性支撑外，也需要非公有制经济的投入，以此来增强乡村产业的活力，提高农业生产的效率，提高农产品的生产质量，丰富乡村人民的生产活动，满足农产品消费者的消费需求。

在农村产权改革中，要对承包地的管理予以高度重视。自从国家开展了土地所有权、土地承包权和土地经营权的"三权"分置改革，专业种植户、家庭农场、农村集体企业等新型农业经营主体都获得了更多的经营机会，有国家政策兜底，有更多资本大胆投资农业，农业经济发展的活力被大幅度调动起来。除此之外，政府领导者要重视价格形成机制，配套建立市场准入机制，兼顾农民利益和消费者的消费能力，加快建立优质优价体系，推动农产品在市场上的销售，建立产销对接机制将有利于农产品的流通，提高农业生产者的资金流转效率。

市场经济体制改革对我国国民经济的发展起到振聋发聩的作用，经济管理体制改革需要参考市场经济体制。在新形势下，我国农业发展与市场环境联系紧密，单位负责人需要谨慎考虑市场因素对农业发展的影响，并在提高农业经济市场化的同时，建立农业科技服务框架，做好多元化农业产业服务项目的辅助支撑，促进我国经济管理体制改革，提升农业经济发展水平。

第五节　乡镇经济管理体制

在实现乡镇全面建成小康社会，构建和谐社会的过程中，寻找一条符合广大乡镇实际的经济发展道路关乎乡镇全面发展，而乡镇经济的发展离不开政府的扶持与领导，以及基层经济管理制度的合理运行，因此，如何改变现有的一些落后的管理体制和管理制度成为发展乡镇经济的重要问题。

一、乡镇经济发展存在的主要问题分析

最近几年，随着我国惠农政策的普及以及国家对乡镇经济管理投入力度的加大，乡镇经济取得了较好的发展，农民收入水平显著提高，乡镇基础设施建设不

断完善，乡镇市场更加活跃，在看到经济发展成绩的同时，仍然存在着一些问题和矛盾，影响着乡镇经济的发展。从整体经济角度来讲，乡镇经济总量仍然不够大、实力不够强，产业结构和经济制度仍然需要调整，还存在着很多不容忽视的问题。

（一）从战略角度谋划乡镇经济发展的新思路

与沿海等发达地区相比，我国内部绝大部分乡镇存在地理位置、资源状况、文化背景、产业基础以及创新意识等方面的不足，这使得我国乡镇经济无论是经济总量还是发展速度都存在着一定的滞后性，工业化、城镇化水平还不高、农业科技化水平不够、结构调整力度仍然不足，这与当地政府的管理有关，很多地方政府没有很好地统筹规划县乡两级的经济和产业以及资源，缺乏城乡一体化，发展一盘棋的意识，而是相互独立、各自经营，有的部门甚至不顾乡镇客观条件和客观规律，片面追求经济增长项目和指标，不仅违背乡镇因地制宜的发展策略，而且盲目跟风，朝令夕改，缺乏开拓创新、锐意进取的勇气和思路。

（二）乡镇经济结构不合理，发展思路不宽

在广大乡镇之中，很少有千万元以上规模的企业，只有少部分规模小、科技化程度低、市场占有率不高的小型企业，而自从我国实现免征农业税后，以往大多数依赖农业、收入结构单一的乡镇开始出现财源不足、收支平衡难度加大、财政增收乏力的困难，由于缺乏新的经济增长点，不少乡镇干部想尽办法甚至不惜动用干部工资来应对财税任务，使得大部分人员无暇顾及"三农"问题。

（三）支农服务体系不健全

乡镇经济的基础是农业，支农服务体系不健全是影响乡镇经济发展的最主要原因，农业得不到有效扶持、广大农村的潜力和农民的生产热情提不上来是制约乡镇经济发展的根本原因。目前，很多乡镇农村基层科技和基础设施服务体系存在着缺位、错位等问题，现有的科技人员知识老化且科技水平不高，支农服务人员严重缺乏，无法满足现代化农业和产业化发展的需要。

（四）创业环境有待优化

近几年来，农村劳动力不足，出现很多空巢村，使得我国广大乡镇农业发展受到了很大限制，在这种情况下，加快农村土地流转与农村土地承包权的流转、吸引外来资金投入农村经济建设、支持农村现有劳动力人员自主创业、发展特色经济是降低劳动力不足带来的负面影响的有效措施。但是土地流转受到宏观政策的限制，当地乡镇部门对农村的创业者重视力度不够、对创业者的尊重和扶持力度不够，创业环境不够开放，缺少优惠政策也影响了乡镇农村自主创业的发展。

二、乡镇经济管理体制综合改革的路径探讨

（一）财政增收缺乏后劲

市级和镇级政府要从长远角度制定乡镇经济发展的详细规划，确定符合乡镇实际的发展目标，进一步解放思想，实现农业发展理念和发展模式的突破，摆脱以往以粮食为主的传统思想，树立现代市场经济理念，发展规模化、现代化、多样化农业产业，在具体思路方面要注重科技进步与农业生产率的提高，从追求数量转为追求质量，注重农业生态环境建设，利用区位优势和当地特色开拓市场，加大农业结构调整力度，走乡镇经济可持续发展道路。

（二）改进财政运作模式

针对很多乡镇财政增收困难的局面，县乡两级政府要建立一套合理的财政增收机制，县级财政要核定乡镇财政的支出项目和总额，确保刚性支出，满足乡镇财政正常运转的需求，科学制定乡镇实际财税收入基数，加大转移支付力度，向乡镇政府提供行政运转所必需的资金，针对乡村普遍存在的债务问题，要禁止乡镇财政为非生产线支出、基建性项目以及企业提供贷款担保，并逐步减轻原有债务负担。

（三）加快支农服务体系的建设

针对支农服务体系不健全的问题，当地政府要安排一定数量的专项资金，扶

持特色农业和当地龙头企业的发展，以及农业科技推广服务体系、农业基础设施的建立，发展当地农民专业合作社、行业协会等民间经济合作组织，积极探索农业产业化经营的新路子，恢复和健全全市统一的农机推广体系和服务机构，组建和充实农技队伍，同时扶持面向市场的农技服务型实体机构。

（四）鼓励和推进全民创业

政府部门要构建一个全民创业的政策环境，对于全市的乡镇按照地理位置、资源优势、特色产业等不同特点加强规划和建设管理，按照不同的功能定位和区位优势，以乡镇为中心带动农村经济的发展，鼓励农民自主创业和集体创业，对于一些符合现代农业发展要求、对农村经济发展有突出贡献的项目要加大扶持力度，把小城镇建设与农业产业化、民营企业的发展紧密结合起来，加大各类创业人才和创业典型的宣传力度，制定吸引外出人员返乡创业的政策，鼓励在外人才回乡创业，使乡镇经济形成以龙头企业带动全民创业的局面。

第五章

现代经济管理与企业可持续发展

第一节　企业可持续发展概况

企业可持续发展的基本含义就是既要考虑当前发展的需要，又要考虑未来发展的需要，不以牺牲后代人的利益为代价来满足当代人的需求。作为一种全新的发展观，它是对将发展单纯地理解为经济增长的旧观念的否定，它在时间上体现了当前利益与未来利益的统一，在空间上体现了整体利益与局部利益的统一。它要求实现由数量增长向质量效能的转变，在经济增长方式上体现为粗放型向集约型转变。由满足当前发展成果的积累向注重持续发展、关注未来发展转变。

一、概述

可持续发展既要考虑当前发展的需要，又要考虑未来发展的需要；不能以牺牲后期的利益为代价，换取现在的发展，满足现在的利益。同时，可持续发展也包括面对不可预期的环境震荡而保持发展趋势。

企业可持续发展在国际上也获得共识，主要强调信息管理者、投资者、顾客、拥护者、供方和员工不断地进行对话、连接企业离散和孤立职能的媒介——金融市场的研究和开发，为品牌管理可能产生纠纷的地区提供了信标，帮助管理者增强评估其对自然、人和社会资本贡献的能力，降低公开商业企业共享价格的可变性和不确定性，并降低其资本费用等。而且可持续发展报告能为企业提供新的机遇，并能提高企业的国际竞争力，是企业进入国际市场的通行证。

企业战略是企业运行的指导思想，它是对处于不断变化的竞争环境中的企业过去运行情况及未来运行情况的一种总体表述。

企业可持续发展战略是指企业在追求自我生存和永续发展的过程中，既要考虑企业经营目标的实现和企业市场地位的提高，又要保持企业在已领先的竞争领域和未来扩张的经营环境中始终保持盈利的增长和能力的提高，保证企业长盛不衰。

二、可持续发展

可持续发展是在 20 世纪 80 年代随着人们对全球环境与发展问题的广泛讨论而提出的一个全新概念，是人们对传统发展模式进行长期深刻反思的结果。布伦特兰（Gro Harlem Brundtland）夫人在世界环境与发展委员会《我们共同的未来》一书中正式提出了可持续发展的概念，标志着可持续发展理论的产生。当时的研究重点是人类社会在经济增长的同时如何适应并满足生态环境的承载能力，以及人口、环境、生态和资源与经济的协调发展。其后，这一理论不断地充实完善，形成了系统的研究内容和研究途径。随着可持续发展概念的提出，人们对可持续的关注越来越多，而且从环境领域延伸到各个领域。企业可持续发展理论是诞生得比较晚，但发展相对迅速的一个领域。随着社会环境的变化，企业很难适应变化迅速的环境，而且随着众多企业失败案例的出现，如何使企业依然保持良好的发展势头这一问题，越来越引起企业的重视。

三、战略类型

企业可持续发展战略非常繁杂，众多理论都是从企业内部某一方面的特性来论述的。企业可持续发展战略主要有创新可持续发展战略、文化可持续发展战略、制度可持续发展战略、核心竞争力可持续发展战略、要素可持续发展战略。

（一）创新可持续发展战略

所谓创新可持续发展战略，即企业可持续发展的核心是创新。衡量企业经营状况和发展水平的重要指标是企业效益，创造效益不仅要有体制上的保证，而且必须不断创新。只有不断创新的企业，才能保证其效益的持续性，也即企业的可持续发展。

（二）文化可持续发展战略

所谓文化可持续发展战略，即企业发展的核心是企业文化。面对纷繁变化的内外部环境，企业发展需要企业文化主导。

（三）制度可持续发展战略

所谓制度可持续发展战略，是指企业要想获得可持续发展主要依靠企业制度。

（四）核心竞争力可持续发展战略

企业核心竞争力是指区别于其他企业而具有自身特性的相对竞争能力。而企业核心竞争力可持续发展战略是指企业可持续发展主要应是培育企业核心竞争力。

（五）要素可持续发展战略

要素可持续发展战略认为企业发展取决于以下几种要素：人力、知识、信息、技术、领导、资金、营销。

四、企业可持续发展问题探讨

企业的危机来自经营环境的不断变化。进入 21 世纪以来，变化成了日常行为，而且毫无规律、难以预测，如斯宾塞·约翰逊（Spencer Johnson）所言："世界上唯一不变的是变化本身。"市场全球化、资本经营打破了行业限制，使得竞争范围扩大了，国际化竞争的市场移到了家门口，竞争更加激烈，价格降低，支出增加，效益下降。同时，顾客成为市场的主宰，科学、信息技术广泛运用，使以前不可能实现的事情都变为可能。

面对环境的种种变化，如果还停留在原来成功的经验上，不能有效地解决伴随企业成长出现的问题，因循守旧，观念滞后，人才短缺，体制僵化，基础管理涣散，势必使企业从成功走向衰败。要切记，企业今天的辉煌不等于明天也辉煌。

（一）发展战略是企业可持续发展的动力源泉

我国的许多企业，在创立期也就是原始积累阶段，企业规模迅速膨胀，完成了人才、技术、资金、市场的初步积累。但在企业的成长期特别是成熟期，管理相对滞后，面临着多种机遇及发展方向的选择，此时企业的发展速度反而下降甚至停滞。这时候只有制定明确的发展战略和发展目标，才有可能进入持续发展期。

在持续发展期要进行持续的创新，要培养可持续发展的竞争能力，也要不断地修正前进的方向，以适应市场发展的需要。重新明确企业宗旨与核心价值观及重大发展任务。

制定发展战略是中国企业为适应市场成熟的必然选择。因为竞争对手持续进步，且每天都有新的竞争者进入，这就给我们带来很大的压力，不进则退。同时潜在的竞争对手、潜在的替代品也会不断出现，而且更新的周期也越来越短，市场也进一步规范，以前可能靠一两张条子、一两个政策机会就能赚钱，但以后这种赚钱的机会就少了。同时，顾客的消费行为也越来越理性化。彼得·德鲁克（Peter F. Drucker）说："制定竞争战略的主要目的是能比竞争对手更好地满足顾客的需求。企业经营目标唯一有效的定义就是顾客。"一个企业要获得竞争优势，可以有两种基本的战略选择：一是提供更低的认知价格，二是提供更高的认知价值。具体应该采取何种战略，还必须考虑企业拥有的资源和能力，而且要把战略和能力有效地结合起来。

制定发展战略过程中，企业要在对企业未来发展环境进行分析和预测的基础上，为企业提出总体的战略目标，企业的一切目标都要服从于或服务于这个战略目标。企业的战略目标应该是一个宏伟的远景目标，这是支持企业发展的首要因素。宏伟的远景目标能对企业发起重大的挑战，使企业的领导不满足于现状，从而确保企业不断地成长。同时能起到凝聚人心、吸引人才、激发活力的作用，使员工觉得前景广阔，因为一名高素质的员工不愿意在一个没有希望、没有前途、没有美好前景的公司工作。给人以美梦，这是最激励人的手段，善于运用胆大超前的目标，也是那些百年企业长寿的秘诀之一。

公司远景目标的三要素：一是要针对未来，即任何一个战略远景目标都要基于对未来环境的判断，也就是对国家宏观环境——产业政策以及微观环境——竞争环境的展望。二是要考虑清楚公司的业务范围、地理范围、竞争对手以及竞争优势的来源。三是制定公司整体战略，这是非常重要的，制定公司整体战略是为了提高可持续发展能力，企业的发展战略有近期和长期规划，这样才构成一个完整的远景目标。

建立在对环境彻底分析基础上的公司整体战略，能够对企业外部环境的变化表现出应变性。成功的企业都有较强的适应环境变化的能力，这些能力是企业对市场信号显示的反应。因此，有人在界定长寿公司时指出："对周围环境的敏感代表了公司创新与适应的能力，这是长寿公司成功要素之一。"所以这一点也是非常重要的。

（二）创新是企业可持续发展的核心

随着知识经济时代的不断发展，知识创新、技术创新、管理创新、市场创新等已成为企业发展的动力，没有创新企业就无法在竞争中取得优势，也无法保持发展的能力。所以，企业可持续发展重点强调的是发展而不是增长。无论是企业的生产规模还是企业的市场规模，都存在着增长的有限性。增长是一个量的变化，发展是一个质的变化。一个企业不一定变得更大，但一定要变得更好。企业可持续发展追求的是企业竞争能力的提高、不断地创新，而不只是一般意义上的生存。

企业创新是全方位的创新，其核心是观念创新。观念创新是按照新的外部环境调整价值尺度、思维方式、行为方式和感情方式等诸多方面的文化心理，创新意识的树立是一个否定自我、超越自我的过程。这是企业创新的先导。观念创新首先是价值观念的创新。价值观念主要是指企业经营的价值观念，包括消费者价值观、利润价值观和社会价值观等。价值观念的创新是指要随着形势的发展而不断改变自己的价值观。观念的创新决定着决策的创新、管理的创新，决定着企业行为的创新。所以创新应该反映在企业的各个方面，包括技术创新、管理创新、体制创新、经营创新等。所有这些创新，最后都会在企业的经营活动中反映出来，会落实在企业的产品创新上。

（三）竞争优势是企业可持续发展的保障

企业可持续发展与社会、生态系统可持续发展的不同之处在于，社会、生态可持续发展要实现的是一种平衡，而企业可持续发展要实现的是在非平衡中求得竞争的优势。企业在可持续发展的过程中，只有不断提高自身的竞争能力和水平，才能实现永续发展目标。

在市场经济条件下，同一种产品的生产与销售通常是由多家企业完成的。企业面对的是竞争性的市场，所以首先需要分析企业已经形成的核心能力及其利用情况。在竞争市场上，企业为了及时推出自己的产品并不断扩大自己的市场占有份额，必须形成并充分利用某种或某些竞争优势。竞争优势是竞争性市场中企业绩效的核心，是企业的竞争对手难以甚至无法模仿的某种特点。由于形成和利用竞争优势的目的是不断争取更多的市场用户，所以，企业在经营上的这种特点必须是对用户有意义的——"竞争优势归根结底产生于企业为客户所能创造的价值"，怎么才能形成企业的某种竞争优势呢？管理学家认为取决于企业的核心能力。

所谓核心能力是组织中的积累性学识，特别是关于如何协调不同的生产技能和有机结合多种技术流派的学识。这种能力不局限于个别产品，而是对一系列产品或服务的竞争优势都有促进作用。从这个意义上说，核心能力不仅超越任何产品或服务，而且有可能超越公司内任何业务部门。核心能力的生命力要比任何产品或服务都强。

由于核心能力可以促进一系列产品或服务的竞争优势，所以能否产生比竞争对手强的核心能力会对企业的长期发展产生根本性的影响。只有产生并维护核心能力，才能保证公司的长期存续。因为核心能力是未来产品开发的源泉，是竞争能力的根基。

所以说，利润重要，市场份额更重要；市场份额重要，竞争优势更重要；竞争优势重要，企业核心能力更重要。有了企业核心能力才能创造竞争优势的可持续发展，有了竞争优势的可持续发展才能扩大市场份额，才能使企业基业长青。因此，企业核心能力是竞争优势、市场份额和企业利润的真正来源。

如果企业所处的环境基本保持不变或相对稳定，那么企业只要选择富有市场吸引力的产业，并且具备战略资源、核心能力、企业战略能力、企业家能力和优秀的企业文化，以及相对竞争对手来说更有效率的内在要素，就可以占据有利的地位，就可以创造企业的持续竞争优势。然而，我们现在所处的环境由于各种因素的作用和变化而处于不断的变动之中，甚至可以说已经达到动态或剧变的程度。环境的动态化严重削弱了企业经营决策与行为可能性预见的基础。这使得企业的每一种既定形式的竞争优势都不可能长久地维持，最终都将消散，只是时间的长短而已。所以，在动态的环境中，企业要想获得持续竞争优势，就不能只是凭借其战略资源、核心能力等被动地适应环境，而是要能够深刻预见或洞察环境的变化并迅速地做出反应。通过持续性创新，不断超越自己，从既有的竞争优势迅速地转换到新的竞争优势，超过竞争对手，从而获得基于整体发展的持续竞争优势。也就是说，企业持续竞争优势源自持续性的创新。

（四）企业文化是企业可持续发展的内因

企业文化作为企业发展战略或企业家能力发展过程中的一种力量或动力，随着知识经济的发展，它对企业兴衰将发挥越来越重要的作用，甚至是关键性的作用。一个企业在产品质量达到一定程度时，对产品的市场地位和由地位决定的价位，以及产品的市场销售量发挥重要或决定性作用的仍然是产品自身的文化内涵。经济活动往往是经济、文化一体化的运作，经济的发展比任何时候都需要文化的支持。任何一家企业要想成功，都必须充分认识到企业文化的必要性和不可估量的作用，在市场竞争中依靠文化带动生产力，进而提高竞争力。

哈佛商学院通过对世界各国企业的长期分析得出结论："一个企业本身特定的管理文化，即企业文化，是当代社会影响企业本身业绩的深层重要原因。"企业的生存和发展离不开企业文化的哺育，谁拥有文化优势，谁就拥有竞争优势、效益优势和发展优势。世界 500 强企业技术创新、体制创新和管理创新的背后，是优秀而独到的企业文化。

企业文化是企业员工普遍认同的价值观念和行为准则的总和，这些观念和准则的特点可以透过企业及其员工的日常行为得到体现。文化对企业经营业绩及战略发展的影响主要体现在它的三个基本功能上：导向功能、激励功能，以及协调功能。文化的导向功能是被共同接受的价值观念引导着企业员工，特别是企业的战略管理者自觉地选择符合企业长期利益的决策，并在决策的组织实施过程中自觉地表现出符合企业利益的日常行为。文化的协调功能主要是在相同的价值观和行为准则的引导下，企业各层次和部门员工选择的行为不仅是符合企业长期或短期利益的，而且必然是相互协调的。文化的激励功能主要指员工在日常经营活动中自觉地根据企业文化所倡导的价值观念和行为准则调整自己的行为。

企业文化的上述功能影响着企业员工，特别是影响着企业高层管理者的战略选择，从而影响着企业战略性资源的选择、企业能力的培养以及各种资产、技能、资源与能力的整合。正是由于这种影响，与企业战略制定或资源的整合、能力的培养过程中需要运用的其他工具相比，上述文化作用的实现不仅是高效率的，而且可能是成本最低、持续效果最长的。从这个意义上说，文化是企业竞争优势可持续发展最为经济的有效手段。

同时我们还要培育良好的企业文化，企业文化说简单点就是企业的人格。良好的企业文化是企业发展战略中必须具有的素质。因为与战略相适应的核心价值观、与战略相配套的企业制度准则，都直接影响战略的管理和实施。良好的企业文化将使战略管理达到事半功倍的效果。只有拥有良好的企业文化，才不会导致人才流失，才能够低成本运作，才能创造出很好的效益。

（五）强化管理是企业可持续发展的基础

企业内部管理基础要扎实，一个好的企业战略如果没有强有力的企业基础管理作保证，就不可能贯彻执行。可想而知，如果企业战略制定了，而管理很松散，也就是组织机构得不到保证，战略就不能很好地贯彻执行。海尔集团之所以国际战略、多元化战略实施得非常好，就是因为它的基础管理做得非常好，这样它在输出海尔理念的时候就能做得很好。如果换一家企业，也许就不能成功。

对企业进行业务流程的重组，建立与之相适应的组织机构，改变信息的横向、纵向传输速度慢，管理效率低，决策慢的状况。重构企业的职权体系，明确各个部门和每个岗位的职责、权限，制定各项工作的操作规范，按规章行事，提高员工的业务素质。建立完善的考核体系和合理的报酬体系，以绩效为目标，使考核有依据，奖惩有办法，促进员工的成长、企业的进步。

一个企业的可持续发展，一定要有前期的积累和投入，还要有长远的战略发展眼光，以及执着的精神，一步一个脚印地修炼企业内功，最终形成一个创新型企业。愿所有的企业都能成为可持续发展的百年企业！

第二节　企业可持续发展与财务

产品和服务溢价能力、成长性、资产管理水平、资本收益、债务能力、品牌形象是企业可持续发展不可或缺的财务要素。在这些财务要素的推动下，只有把握好、控制好、配置和管理好企业的资源，才能实现企业可持续发展目标。

一、公司溢价能力

当产品和服务有溢价能力时，公司发展才具有可持续性。可持续发展的公司有着相同的经营特质：溢价能力高、市场占有率高和品牌知名度高。像可口可乐和沃尔玛都是高溢价能力的杰出代表。在销售成长中，持续稳定的销售毛利率是衡量公司溢价能力最典型的财务指标。

家电业是一个竞争比较激烈的行业。从财务角度看，格力电器销售毛利率一直稳定在 17% 以上，波动性小。在金融危机下，销售毛利率还屡创新高，展示了格力利用危机控制成本的能力。2009 年，格力 85% 的收入来自国内市场，海外市场收入下滑了 38%。在正常经济环境下，格力销售毛利率可以保持 30% 的增速，公司溢价能力可见一斑。从经营角度看，格力在产品服务溢价方面有一套自己的做法，通过"淡季贴息返利"和"年终返利"的财务策略提高市场占有率；

通过推陈出新，利用新产品稳定溢价；通过资本纽带建立营销渠道，凭借卓越的品质和营销，确立了空调行业领导者的地位。

二、公司成长性

成长性为公司溢价能力提升了话语权，为可持续发展增加了抵御风险的筹码。

资产价值是公司经营规模及其多样性的财务表现。拥有亿万资产的公司也是从小到大发展起来的，经历过无数的经济周期和危机的洗礼，在风雨中成长，在沉沦起伏中把管理做得更加规范，把抵抗风险的能力锤炼得更强。经营规模小、投资机会少、抵御风险能力弱；经营规模大、收入来源多，可以降低公司财务对经济周期的依赖性，度过经济萧条的严冬。资产增长为公司产品服务成长保驾护航，是产品服务增长的必要条件，不是充分条件。尽管资产增长不一定带来产品服务增长的可持续性。但如果没有资产增长，产品服务可持续增长就变得不可能。

营业收入可持续增长是公司竞争优势的财务表现。如果没有 2008 年的金融危机，格力电器的营业收入将呈现可持续的高速增长态势。在金融危机下，格力采取了积极的扩张战略，资产增长呈周期性波动，再现了格力电器产能扩张、消化、吸收和利用，避免产能过剩的经营谋略。资产周转率就是这方面的最好印证。净利润是公司投资的"再生能源"，是公司可持续发展的基础。净利润增长是净资产增长的内在动力，增发股票是外在力量。格力净利润增长始终保持在 21% 以上，即便是在金融危机时代，净利润增长也达到了 38%，这是格力坚持技术质量取胜，走自主研发道路，不断推出新产品，通过创新提高公司核心竞争力的回报。

三、资产管理水平

在评价流程管理效率方面，资产周转率是综合反映资产利用效率的财务指标。其他资金周转指标只不过反映了局部的资产使用效率。公司在追求高存货周转率时，很可能出现低应收账款周转率。"按下葫芦浮起瓢"，各种资产组合效果最终要靠资产周转率担当。在正常经营环境下，资产周转率的波动性是考验公司管理流程稳定性的财务指标。只有管理流程稳定，公司发展才具有可持续性。在无数小决策下，公司资源和能力才能得到充分挖掘和利用。在可持续性发展方面，小决策胜于大决策。树大招风，大决策容易被竞争对手识别和模仿，但无数小决策及其组合是竞争对手难以模仿的，是买不走、学不会、偷不去的。沃尔玛资产周转率始终保持在4次以上，竞争对手顶多有2次，沃尔玛的大决策有目共睹，小决策鲜为人知，小决策为沃尔玛可持续发展添砖加瓦。不考虑金融危机影响，格力电器的资产周转率呈稳步上升的态势，说明格力资产管理在不断改善，具有可持续发展的特征。

四、公司资本收益

高的净资产收益率为每股收益可持续上升提供了动力。净资产收益率是衡量公司为股东创造财富的指标。其缺点是没有将借入资本与股权资本同等看待，后果是高的净资产收益率背后可能隐藏着巨大的财务风险。打通债务资本与股权资本界限，消除资本结构对评价公司盈利能力的影响，要用到资本收益率。资产净利率把不需要付息的流动负债收入囊中。因流动负债的波动将直接触发资产净利率的波动，同样模糊了人们对公司盈利能力的评价。从融资角度看，可持续发展表现为公司能够不断地从资本市场上筹集发展所需要的资本，保持高的资本收益率是公司可持续融资的市场要求。

格力电器净资产收益率一直保持在比较高的水平上，呈波动性上升趋势。与净资产收益率相比，格力的资本收益率显得不是那么高。这主要是因为资本收益率消除了非经营性资产收益和财务杠杆效用，集中体现了公司核心资产的经营绩效。从家电行业的发展前景来看，10%以上的资本收益率不仅高于同期存贷利率，也高于同期GDP水平和资本成本，为格力经济增加值提供了保障。

五、债务能力

在评价公司债务能力方面，资产负债率因忽略无形资产（如品牌）的价值而存在缺陷。就可持续发展财务而言，处于相同的生命周期，同行业的公司资本结构应具有相似性。只有这样，财务才不在可持续上给公司发展添乱。衡量公司债务能力比较到位的指标是已获利息倍数和市值资产负债率。债务能力与公司盈利及其稳定性相关联，已获利息倍数实质上是与盈利相关的财务指标，通过盈利超过利息倍数表达公司债务能力，并通过提高倍数消除盈利波动性影响，维护公司可持续发展形象。市值资产负债率是市场对公司未来盈利预期的结果，隐含地表达了公司无形资产的价值。市值资产负债率低，是资本市场基于公司未来发展对其偿债能力的强力支持，在可持续发展道路上，债务能力至少不会给公司经营添堵。

格力的资产负债率达 75% 以上，这样的债务水平不可谓不高，市值资产负债率相对低很多。从格力历年的债务结构来看，长期负债很少，公司债务与银行少有瓜葛，这一点可从已获利息倍数看出。格力已获利息倍数相当高，这是公司经营模式和大量采用商业票据所带来的。流动比率的不足之处在于没有将公司运营模式、成长阶段和行业特点表现出来。格力运营模式是自建营销渠道，与经销商建立长期战略同盟关系。资金调动大量采用商业票据，用票据抵押获取资金的手段，消除公司流动资金缺口，实现公司平稳经营。格力流动比率在 1 附近波动，速动资产占流动资产 50% 以上。从财务角度看，这是非常激进的流动资产管理模式。格力一直是这么做的，从过去到现在，没有出现不可持续的迹象。如果换个角度来考虑，格力依靠品牌优势，大量占用供应商和经销商的资金。一个愿打，一个愿挨。只要供应商不断补货，经销商不断预付款，即使流动率比较低也不会影响公司正常经营。格力正是利用了商业信用优势，降低了融资成本，提高了公司盈利能力。

六、品牌形象

溢价能力与品牌形象相关。品牌形象要使公司处于市场领先地位，提升市场占有率，要么维持顾客对品牌的忠诚度，让顾客支付高价，避免恶性价格竞争。品牌形象要靠广告媒介吆喝，要有营销渠道支持。在公司财务上，品牌形象可以通过销售费用与营业收入的比较来表达。将品牌形象从产品服务层面延伸至公司层面，要有可持续研发费用支持。按照国际现行标准，研发费用与营业收入之比，持续低于1%，企业生存都可能面临难题，更不用说可持续发展了。研发费用是衡量企业竞争和发展潜力的指标，相关资料显示，欧、美、日企业研发费用一般占到销售收入的4%～8%，高新技术企业甚至达15%以上。财务上能够反映公司整体品牌形象的指标是托宾的Q，托宾的Q是用来反映企业市场价值与重置资产账面价值关系的指标，投资者用其预测公司未来盈利潜力。只有托宾的Q是大于1的增长，公司投资才能为公司股东创造财富，这样的增长才是真实的，公司发展才具有可持续性。

格力将销售费用与营业收入之比稳定在10.43%～13.61%，建立了比较稳健的市场品牌营销战略，占据了空调市场第一的位置，为巩固市场话语权和保持持久竞争优势奠定了基础。由于格力电器没有公布研发费用，无法分析研发费用占营业收入的比重，但从无形资产与营业收入之比来看，随着销售收入的增长，无形资产也在不断增长，这验证了格力研发费用的投入情况。2007年至2009年，格力电器托宾的Q分别为1.56、0.77和1.09，这是市场对格力未来发展的评价，其他年份托宾的Q因股权分置影响变得没有意义。

格力电器能够从小到大、从弱到强地成长起来，其成长路线本身就蕴藏着可持续发展的因子。稳定的销售毛利率和逐步提升的资产周转率是格力电器可持续发展比较鲜明的财务特征，也是公司配置资源的着力点。以史为鉴，就可持续发展财务而言，公司要以能够体现可持续发展属性的财务要素为突破口，管理好公司的资源，格力电器如此，沃尔玛也是如此。

第三节　低碳经济与企业可持续发展

随着全球气候问题日趋严峻，"发展低碳经济，向低碳社会转型"是国际社会为应对全球气候变化而做出的战略选择。在全球节能减排、实行低碳经济的大环境下，如何应对潜在的政策和商业风险，甚至借此创造竞争优势成为企业高管目前面临的一大挑战。

一、低碳经济下的企业可持续发展

（一）"低碳"是企业在未来持续发展的保证

近年来，企业已经越来越清楚地意识到，如果不尽快采取包括低碳在内的可持续发展战略，未来所需付出的代价将高于今天为可持续发展战略所投入的成本。随着全球有限资源的逐步消耗，企业正在或即将面临来自各利益相关方的压力，这就要求企业采取实际行动证明它们对其赖以生存的环境和社会负责。总之，可持续发展战略为企业在当前环境下顺利运营，并在未来环境下持续生存与发展提供了保证。

（二）企业碳管理战略需要完善的财务管理支持

2011 年，在特许公认会计师公会（ACCA）和毕马威联合举办的"碳排放——对企业及其财务管理的影响"持续发展圆桌会议中，毕马威企业咨询（中国）有限公司合伙人金蕾认为越早行动的企业，越能尽早获得竞争优势。金蕾介绍，在碳经济时代，一个产品要附加上它的碳排放量成本，才能得到产品最终的成本，因此碳排放量的成本越低，产品自然越有竞争力。金蕾建议企业从三方面着手制定碳管理战略。首先要了解企业目前的碳排放情况，明确管理方向，比如是以提高能效的方式还是以碳交易的形式来减排，如何平衡投入和收益。其次是碳排放量的管理，比如确定碳排放量的界限以及重要排放来源。最后就是建立一个相对健全的报告系统。这三方面都需要企业完善的财务管理制度作为支持。

（三）低碳经济下，财务专业人士起重要作用

2011 年，在特许公认会计师公会（ACCA）和毕马威联合举办的"碳排放——对企业及其财务管理的影响"持续发展圆桌会议中，ACCA 亚太区政策主管周俊伟表示，在针对碳排放的企业结构转型的过程中，财务管理人员扮演着对内风险管理和整合数据，对外关注动态和通报信息的重要沟通枢纽角色。此外，"综合报告"目前正受到国际上的关注，被广泛认定为企业报告未来的发展趋势。它需要企业整合并披露所有影响公司未来财务业绩以及公司风险评级活动的环境、社

会及治理因素。财务人员作为报告的撰写者势必要加深对环境和社会对经济发展
影响的认知，以更好地发挥作用。周俊伟认为，财务专业人士在评估企业风险，
保证碳排放数据的准确性和完整性，平衡成本与效益以及有效支持管理层决策等
方面，必将发挥重要作用。

（四）低碳人才也将成为"抢手货"

周俊伟表示，实施可持续发展战略需要企业管理层和各级员工的通力合作。
与此同时，根据产业及企业的个别情况，战略实施的不同阶段还需要某些特定的
知识和技能。例如，在收集数据查明企业使用碳的过程中，需要结合企业所在行
业的特性采用特定的计量方法。目前，具备相关技能的人才明显较为短缺。这意
味着那些能够适应低碳经济发展、及时汲取相关经验和拓展技能的人才将成为新
兴绿色经济体中的抢手人才。

（五）节能减排需要完整系统支持

2011 年，在特许公认会计师公会（ACCA）和毕马威联合举办的"碳排放——
对企业及其财务管理的影响"持续发展圆桌会议中，通用电气中国市场总监柳方
说，如果整个市场都有节能减排的意识，企业就能够通过工业化降低节能成本、
提高效率。这不仅要靠公司的努力，更要有一整套系统的支持，有完善的政府参
与，有完善的能源审计部门参与，这样的节能才是真正有效的。这需要一个过
程，我们要有决心和信心做好节能减排工作，而企业积极参与的动力之一，就是
这确实能够转化为巨大的收益。

（六）"低碳先行"，优化考纲与实践分享并重

关于企业可持续发展的重要性及其对企业管理和战略的影响，ACCA 不仅将
企业可持续发展纳入资格考试的相关科目中，在后续教育活动中也不断地将企业
可持续发展方面的最新动态呈现给 ACCA 会员，以确保会员相关知识的持续更
新。如 2011 年举办的系列可持续发展圆桌会议，目的是希望能提供一个互动的
平台，让企业高管，尤其是财务高管，对碳排放和可持续发展为企业带来的影

响、风险和机遇有所了解，提高认识，交流经验，从而做好准备，投入行动，赢得先机。

二、可持续发展战略的生态维度

可持续发展战略的提出在人类生态伦理观的发展史上具有重要的意义。可持续发展战略的生态维度不仅在于它完成了人类中心主义的生成与解构，而且在于它蕴含着协调、永续发展的生态思想。

面对当今世界全球性的生态危机，国际社会众说纷纭。在众多方案中，可持续发展战略因其思想的深刻性和解决问题的实践可操作性，颇为引人注目。不可否认，可持续发展战略已成为人类社会跨世纪发展的战略抉择。要坚持和落实这一战略，就必须重新审视人类中心主义，在思想观念上对人类重新定位，同时做到与自然相生共融，和谐发展。

（一）人类中心主义的生成与解构

过去生态伦理学中的人类中心主义，确实有着这样那样的局限性和缺点，但其中主要的局限性并不在于它主张将人类的道德关系作为对象，不在于它主张以人类为中心，而在于它不能够从人类长远的、根本的、可持续发展的视角看待生态环境的问题。对自然中心主义也要采取辩证的态度，它在生态危机日益严重的情况下，提出环境保护和生态平衡理念，可谓切中要害，为人类谋福利，它强调动物的解放或权利，凸显出它并没有看到生态问题的症结之所在。正如罗国杰所言，生态问题的症结不在于动物和植物有没有权利，而在于人类滥用自然、竭泽而渔的方式损害了文明持续发展的权利。不管是人类中心主义，还是非人类中心主义，无一不违背了恩格斯一百多年前对我们的告诫："我们统治自然界，决不像征服者统治异族人那样，决不是像站在自然界之外的人似的；——相反地，我们连同我们的肉、血、头脑都是属于自然界和存在于自然之中的；我们对自然界的全部统治力量，就在于我们比其他一切生物强，能够认识和正确运用自然规律。"

随着时代变迁而发展的人类中心主义，将人类从征服自然的信条下解放出来，这是一大历史性的进步。身处生态危机中的人类反思传统的自然观，经过了艰辛的探索，人类终于对人与自然的关系产生了全新的认识。在此基础上，人类形成了一种新的观点——可持续发展。毋庸置疑，正视现实，在人与自然的关系上，在人对自然的掠夺过程中没有谁是胜利者，人虽然暂时会取得一点胜利，但自然会加倍地报复人类。传统的自然观造成了人与自然的对立，并且以人类征服自然的合理性为最高形式，从而导致了人与自然的双向异化，自然被人所分割，人类被自然所左右。

因此，打开人类枷锁的钥匙在人类自己手中，人类首先要从思想上转变认识，即把自然当成朋友，建立起人与自然协调发展的新型关系，寻求一个人与自然和谐共处的理想世界，从而化解人与自然的冲突。人类必须对自然采取全新的态度，必须建立在协调关系之上，而不是征服关系之上。

（二）新生态伦理观

可持续发展战略的基本维度"可持续发展"是这样一种观念：既要满足人的需要，又不能以破坏环境为代价；既要满足当代人的需要，又不能损害后代人的长远利益。同时，它既强调现实的发展，也注重未来的发展。可持续发展是一种从环境和自然资源角度提出的关于人类长期发展的战略和模式，它不是一般意义上所指的一个发展进程要在时间上连续运行、不被中断，而是特别指出环境和自然的长期承载能力对发展进程的重要性，以及发展对改善生活质量的重要性。可持续发展的概念从理论上推翻了长期以来把发展经济同保护环境与自然对立起来的错误观点，并明确指出了它们应当相互联系，互为因果。人类的发展有赖于自然界的发展，自然界的发展也有赖于人类的发展，可持续发展所追求的是促进人类内部的和谐以及人与自然之间的和谐。我们既可以把可持续发展伦理观看作当代生态伦理学的应用和实践，也可以把它看成当代生态伦理学的发展。它的最大特点是融合了各个学派的基本点或共同点，并实际应用到解决人类发展问题上。

我们必须对人与自然关系采取一种整体主义态度，把人与自然看作相互依存、相互支持的整体，即共同体。可持续发展理论所强调的可持续性是建立在自然资源有限性基础上的，或者说人与自然的和谐体现在人类发展的可持续性与自然资源有限性的和谐之上。

在构成现实世界的世间万物中，只有人才具有理性，具有从根本上改变环境的能力，人能破坏环境，也能改善环境，因此人有正当理由介入自然，可持续发展伦理观认为，人类为了可持续地生存和发展，必须更有理性地介入自然，调整人与自然的关系，做到人与自然的和谐。应当看到，人类中心主义作为西方文化的主流观念在探讨当代环境问题根源和承认自然界价值以及主张人类必须承担保护自然的义务方面有过突出的建树，但它以人的利益为价值判断的传统观念并没有实质性的改变。我们也应当承认，非人类中心主义对纠正人们长期以来习惯的人类利益高于一切、人类需要绝对合理的思维模式有积极意义，但它忽视了人类文明的合理性，也没有看到人类调整自己行为的理性力量，可持续发展虽然也被看作从人类中心主义出发的发展模式，但可持续发展伦理观更强调人类可以理性地约束自己的行为，努力做到人与自然的和谐，所以它成为被全世界普遍接受的人类迈向新文明的一种现实选择。

人与自然是相互作用的。人是从自然中分化出来的，是具有自我意识的一部分。脱离自然界的人，同脱离人的自然界一样都是空洞的、抽象的，现实、事物、感性都是人与自然相互作用的产物。自然与人应该处于平等的地位，人类之所以能统治自然界，是因为我们能够认识和正确运用自然规律，而不是去奴役自然。人作用于自然，自然也反作用于人。人依赖于自然而生存，自然为人类提供必要的生活资料和劳动资料。人通过劳动改变世界，同时也在改变人本身，恩格斯反对自然主义的历史观，他说，"自然主义的历史观，如德雷帕和其他一些自然研究家或多或少持有的这种历史观是片面的，他们认为只是自然界作用于人，只是自然条件决定人的历史发展，他们忘记了人也反作用于自然界，改变自然界，能为自己创造新的生存条件。同样，人类从自己的主观能动性出发作用和改造自然，自然也会给人以反作用。如果人类不遵循自然规律，任意破坏自然界的生态平衡，自然也会予以报复。"

可持续发展伦理观认为，人和自然既有相互依存的工具价值，又具有各自独立的自身价值。自然对人的工具价值在于它的可利用性，人与自然是互为尺度的关系。衡量这种价值的尺度，既不在人与自然自身之内，也不在对方之内，而在于人与自然的共同体，这才是唯一的价值主体。由此可以明确人对自然的权利和义务。一方面，人有权利利用自然，满足自身的需求，但这种需求必须以不改变自然的连续性为限度；另一方面，人有义务在利用自然的同时向自然提供相应的补偿。可持续发展理论强调，必须调整人对自然权利和义务的界限，以恢复自然的正常状态，这就是可持续发展伦理观对生态伦理学的贡献。

由于现代科学技术的飞速发展，人类文明已经达到前所未有的高度。而人类的这种空前强大的力量使得人们在人与自然的相互作用中显示出了对环境和资源的巨大支配力。然而，与这种支配力相伴而行的是对环境和资源的巨大破坏力。这种破坏力是如此强大，以至于在人类征服自然过程中，在某些领域对环境的破坏是不可逆转的，使某些资源成为不能再生的，使自然界本身自我修复、自我再生的能力有根本丧失的危险。在这生死存亡的历史关头，人们不能不重新审视人与自然的关系，改变观念和端正态度已成为历史发展的必然要求。这就是改变过去那种人与自然的对立斗争以及一味征服的旧观念，而代之以符合时代特点的新观念，建立人与自然之间和谐、统一的新关系，走可持续发展的道路。正是这一点构成了可持续发展战略的基本生态伦理。

第四节　完善经济管理推动企业可持续发展

一、经济管理在企业中的重要性

企业完整的管理体系包含多个方面，其中经济管理是重要的组成部分，在很大程度上决定企业的生死存亡，关乎企业的发展。所谓的企业经济管理，顾名思义，就是管理企业的经营活动，其以为企业经济效益服务为最终目标。健全企业的经济管理制度能够对企业起到积极的作用，主要体现在以下几个方面。一是很多企业，尤其是欧式企业最重视的问题就是怎样利用最小的成本获得最大的经济效益，如果企业做好了经济管理体系，就能够将资金花在最重要的地方，保证企业利用有限的资金获得最大的经济效益，保证企业长久健康地发展。二是有效的经济管理体系能够保证企业在进行切实有效的经济活动之后，获得足够的利润，很多经济管理体系不够完善的公司，在进行了相应的经济活动之后往往不能够获得足够的利润，会发生诸如还款、催账、客户维护管理等诸多不利于企业盈利的事情，在经营管理中，实现利润将是非常关键的环节，利润实现并不等同于利润创造，利润实现是将已获得的利润转移到公司之中。企业通过经济管理可以有效地避免这些问题。三是企业有效的经济管理在提升企业经营效率的同时，能够为企业将来的发展铺设好道路，让企业的内部职能更加明确，人员分配更加协调，统筹协调能力更加出色，生产技术不断革新，从而提高企业可持续发展的能力。

二、经济管理在企业运行中产生的问题

一个企业的经济管理并不是一蹴而就的，它需要长时间的执行，并且在错误当中不断地改进，因此是一项复杂且艰巨的工作。企业在经营的过程当中可能会遇到各种各样的问题，不管是企业内部制度执行的困难，还是外部市场形势的快速变化，都给正在成长当中的企业制造了不小的难题。目前我国企业在经营管理活动中，通常包括以下几项重要内容：企业内部生产与审核、组织机构的评审与设置等。

（一）企业内部生产与审核

要使企业在瞬息万变的市场中脱颖而出，就要制定正确可行的企业经营管理体系，不断提升企业竞争力，获得可持续发展，只有有效控制企业经济管理，才能够达到增强企业管理效果的目的。企业内部管理的主要作用是引导和导向，它能够帮助企业制定发展的目标和路线，所以对管理者来说，最重要的事情就是对企业的各项管理条例，以及经营情况进行审核，发现问题之后，制定出相应的改革措施。但是目前来看，很多企业并没有完全意识到这一点的重要性，很多管理者对于条例审核不认真，导致管理条例制定不够准确和健全，遇到经营方面的问题也没有第一时间拿出可行的方案，使企业错过参与市场竞争的大好机遇，在一定程度上阻碍了企业的进一步发展。

（二）组织机构的评审与设置

企业经济管理体系并不是凭空想象的，也并非所有企业都是相同的，它须结合每个企业的发展情况，以及外部市场的导向来制定，所以要将企业内部的实际经营情况与外部的市场形势进行整合，科学地、合理地、适当地调整企业管理模式，使其系统化、科学化和规范化。但是很多企业在构建企业经济管理体系时，缺乏对于企业内部自身情况系统的认识，对于外部的形势也不是很了解，使得经济管理体系没有办法与外部的市场形势有机结合，企业的发展脱离市场规律，经营出现问题。通常来讲，都是由企业的领导或者高层商议、决定企业经济管理体系，然后进行职责分配，由职员执行，一般还会根据执行的情况采纳企业职员的意见和建议进行体系的完善和修改。随着市场经济的发展，企业的经营观念也在不断变化，管理者要注意管理体系运行机制，以确保企业发展战略与社会前进方向、客户需求相同，从而来不断提升企业的核心竞争力。

三、完善企业经济管理体系的策略

（一）企业经济管理组织机制的创新

在当今的市场经济形势下企业只有通过不断适应市场环境的变化，调整自身的发展轨迹才能够实现可持续发展，一般的企业在进行机构建设时会将建设重心放在保持企业结构的稳定性上，使企业内部的职能更加明确，但是也会产生一些弊端，例如缩减企业信息来源的渠道，在一定程度上会影响企业内部各个部门之间的协调和配合，导致企业内部的信息流通不畅，联系程度不断下降，从而影响企业的生产。由此可见，传统的组织机构有一定的可取之处，例如将获得企业的经济效益作为最根本的目标，而在短时间内能够保证企业的经济效益最大化，迅速提升企业的经济实力，但是从长远看，传统的组织机构没有办法保证企业内部的连接顺畅，影响企业的长远发展。因而，需要企业内部的管理人员和领导层更新管理观念，创新企业经济管理体系，调整企业内部的组织机构，实现企业生产效率与质量的双提升，推动企业的可持续发展。

（二）更新管理观念与相关制度

一些具有发展前景的企业往往并不急于获得短期的经济效益，比起追逐利益，它们更加看重理念与制度的更新和调整，这些企业会在发展的初期将工作的重心放在不断改进创新管理体系上，通过应用自主经营和自负盈亏的运营方式，保证企业的稳定发展，根据外部市场的动向不断调整企业的经营理念，最终实现企业的长远发展，获取足够的经济效益。同时，管理人员会不断进行制度的优化，对企业内部有限的资源进行整合，使企业资源分配与制度符合社会主义市场经济的发展要求，不断加大内部组织机构的建设力度，实现企业可持续发展。在此过程中，企业管理人员需要调动员工的工作积极性，采用奖励机制，保证企业的可持续发展。另外，相关人员还要关注业务发展服务的获取，进一步拓宽企业融资的渠道，使企业有充足的资金支持，为企业战略方案的实现，提供必要的支持。

第六章

现代经济管理的实践应用研究

第一节　契约化管理在国有企业经济管理中的应用

契约化管理是指通过制定和实施具有法律效应的合同或协议，对企业内外部的经济活动进行规范和约束的一种管理方式，是一种体制内的经营模式。国有企业要全面了解契约管理在国企经营管理中的重要性和目前存在的管理问题，通过有效的手段和措施来解决问题。本节还介绍了国有企业在契约管理方面的有效措施，希望可以帮助国有企业做好契约管理工作，带来更高效益。

在社会主义新时代的经济环境下国有企业的作用日益凸显，国有企业采用契约化的经营方式是大势所趋。国有企业加快实现契约化管理主要是通过签订契约合同明确各单位的阶段性发展目标以及有效的奖罚条例，并且适当地赋予经营管理层一定的管理权，从而使企业提升工作质量，提高工作效率，实现更快、更好、更稳定、更健康发展的总体目标。

一、契约化管理在国有企业经济管理中的重要性

激烈的市场竞争促使国有企业顺应时代需求改变自身的经营管理模式。当下，

国有企业面对改革挑战和无法改变的外部条件，只能从内部入手，着力改变经营管理模式，及时抓住稍纵即逝的发展机遇，先让企业在稳定的状态下循序渐进地发展。这时候，契约化管理就发挥了作用，它能调动工作人员的工作主动性，对财力和人力、物力进行有效配置，很好地降低经营成本，提高整体经济效益。契约化管理模式突破了旧式的刚性体制，是一种新颖的管理体制，能完整地将市场压力释放出去，用契约管理代替过去的行政命令，能将国有企业的潜在活力刺激出来，促使国有企业进行制度创新，更好地适应改革的发展要求。通过契约化管理，基层企业可以有更多自主权力放开手脚搞经济，让企业领导团队有更高的热情去搞活企业，从而促进机构从内部进行改革，实现转型升级。

二、国有企业经济管理的现状和存在的问题

之前由于许多国有企业把注意力放在提升效益上，导致管理落后，并未大力推行契约化经营管理模式。另外，由于欠缺管理方面的人才，并且忽视人才的个性发展，导致部分国家政策和企业的有效措施在实施过程中难以推进、步履维艰，还打击了管理团队的积极性。目前部分国有企业缺乏现代企业管理知识，管理力度不够，很难建立健全企业经营管理体系。国有企业作为促进国家经济发展的领头羊和稳定器，其发展绝对不容忽视。

三、加强国有企业经济管理中契约化管理的途径

强化契约化管理的监管力度。进行契约化管理，还需要多措并举，加强后期监管，将契约化经营合法化、持续化，一步步实现经营目标，令国有资产持续保值增值，实现可持续发展。可以从以下几方面入手。一是完善国有企业管理制度。根据现代企业制度，修整国企自身的管理体系，做到决策部署有章可循、有法可依，把企业流程化、体系化，防止权力滥用。二是加强董事监督管理，对董事的履职考核要形成书面报告，定期对董事监督履职成绩做好评价，确保董事对股东的权益负责。三是实行年度审计制度，整体把控契约化管理的年度实施情况，根据审计情况做好绩效管理工作，还要对领导成员定期进行工作审计，包括

任期审计等方面；对企业正在实施的项目，严格按照标准进行审计工作；针对企业采购等特殊岗位，要做好监督，做到专项审计，防止以权谋私、以职谋私等，加大监管力度。

加强管理人才的培养。专业的管理人才对企业的长远发展至关重要，培养人才的问题迫在眉睫。同类型企业的竞争归根结底就是人才的竞争，管理类人才不足严重影响了企业长期稳定发展。为了更好地适应时代的发展，所有企业都必定要加强对管理阶层人才的选择和培养，重视知识更新与专业技能，此外，针对实际管理中出现的问题，进行教育和指导，为管理业务工作的顺利进行提供支持。要积极拓展人才引进路线，提高改善福利待遇，吸引更多优秀的人才进入企业。国有企业在新的经济管理中受到契约化方式的制约，要使管理者和企业员工转变思想，保持工作热情，更加有效地开展各项工作，发挥出契约化管理的优势。

严格考核确保契约化管理落实到位。考核能够提高工作激励成效，也是契约化执行的一项重要指标，是体现管理者真实业务水平的重要内容，而高效准确地兑现契约中的各项条款，是契约化管理长久实行的根本保证。

企业应该根据自身的发展方向、各种内外因素合理地确定考核内容与形式，并随发展进程与形势做出优化改变。考核要直接和员工薪酬相匹配，这样才能提升员工的工作积极性，起到有效激励的作用，此外还要对当前工资分配制度做一些调整，杜绝薪酬分配方面的平均主义，做到"多劳多得"，更要杜绝"大锅饭"分配行为，做到公平合理，要按照规章制度严格把控薪酬分配。考核之后的结果应该适时、适当地公开，接受群众的监督，并保证与考核结果相对应的奖惩条例能够坚定、有效地执行，对业绩优秀者给予相应的奖励，对考核成绩不合格者，给予相应的处罚，以保障考核的激励效果最大化。

国有企业的契约化管理还处在国有企业改革的试验和探索阶段，没有绝对成功和简单的模式可以照搬，需要企业根据自身发展实际，进行探索和调整。秉持科学预测、稳定实验的态度，依法依规进行有益尝试，通过培养管理人才、强化契约化经营制度、严格考核等方式来发展自身的契约化管理模式，在国有企业改革和转型中走在前列。

第二节　宏观经济管理中经济信息的应用

随着经济与社会的发展，信息逐渐成为一种重要的资源，信息收集与挖掘能力也成为竞争的重要因素。为了促进经济的发展，需要完善宏观经济的管理制度，改善各种管理的手段与措施。经济信息在宏观经济管理中充当着重要的角色，有着重要的价值与意义。因此，本节以经济信息在宏观经济管理中的应用为核心，介绍宏观经济与经济信息等概念，阐述宏观经济管理中经济信息应用的重要性，分析当前经济信息应用的不足之处，并提出建议，为推动经济发展提供一些思考。

在经济发展中，经济信息具有许多功能，包括预测、选择、控制、开发及增值等，如何提高经济信息的应用率引起了社会的广泛关注。采取有效的手段，在宏观经济管理中广泛地应用经济信息，不仅有利于优化市场竞争力，推动经济发展，还有利于提高经济创新力，激发整体经济的潜在价值。而从当前来说，中国在宏观经济管理中对经济信息的应用还不够成熟，存在着不足之处，不利于经济的进一步发展。所以，采用科学的方法，完善宏观经济管理体制，提高经济信息的应用率，是一个重要的研究方向。

一、宏观经济管理与经济信息的概念

（一）宏观经济管理的概念与作用

通常情况下，宏观经济管理可以理解为为了维持经济发展的稳定，政府从宏观角度调节与控制社会的经济活动。政府进行经济调节与控制主要分为两方面：一是调整社会的总供给与总需求，促使二者之间维持平衡；二是采取必要的宏观调控手段，弥补市场调节的不足，构建和谐有序的市场交易环境，从而推动国民经济健康发展。政府的宏观经济管理具有重要的作用。一方面，能够弥补市场调节的不足，使社会总供给与总需求基本平衡，从而有利于经济发展；另一方面，采取经济手段、法律手段与行政手段，构建公平公正的市场竞争环境，有利于维护各个市场参与者的利益。此外，进行宏观经济管理，还有利于优化中国的所有制结构，促进社会的稳定与和谐。

（二）经济信息的概念及内涵

经济信息是指反映经济活动状况与特征的各种消息、资料、情报、数据等。一般来说，可以从广义与狭义两个角度对经济信息做出详细的解读与分析。从广义来看，在经济活动中产生的或者是与之相关的所有信息都可以认定为经济信息。而从狭义来看，经济信息则是在经济活动中直接产生与反映的各种信息。随着社会的发展与科技的进步，信息已经成为重要竞争要素，分析经济活动产生的经济信息，能够挖掘更多的潜在价值，有利于经济的发展。由于生产力发展水平不同，在宏观经济管理中对经济信息的应用程度也不同，从而产生不同的经济影响。所以，提升宏观经济管理能力，加强信息技术的开发与应用，充分挖掘与整合经济信息，有利于发展社会生产力，加大创新力度，促进经济更好地发展。

二、宏观经济管理中经济信息应用的重要意义

（一）有利于促进宏观经济管理的进一步发展

在经济社会的发展中，宏观经济管理在国民经济发展中占有重要地位。实践证明，在宏观经济管理中，采用高效的管理方式，通过应用信息技术，加大对经济信息的挖掘与整合力度，充分利用经济信息反映经济发展实况与特征这一特性，有利于完善宏观经济管理制度，促使管理方式科学化与高效化。宏观经济管理包含着多方面的内容，如资金、人力、设备等，以经济信息为管理的载体，建立互动联系，能够促进宏观经济管理朝着统一与全面的方向发展，从而推动经济加速发展。

（二）促进宏观经济管理决策科学化

在宏观经济管理中，特别是在面临重大的经济发展计划与战略时，需要进行经济决策。考察经济信息反映出的经济活动情况，并加以整合，再与历史情况进行比

较，就能够较为准确地预测未来经济走向，为宏观经济管理的决策提供依据。

（三）引导宏观经济管理的发展

宏观经济管理方案编制的前提是充分了解中国当前的经济发展形势，如此，才可找到助益经济发展的关键因素和内在动力。所以，在制定宏观经济管理方案时，需要充分利用当前经济活动反映出的经济信息，形成一份较为准确的经济发展形势报告，指导方案的编制工作，以提高宏观经济管理方案的科学性与有效性。

三、经济信息在宏观经济管理中应用的不足

（一）尚未充分挖掘出经济信息的价值

经济信息在宏观经济管理中发挥着重要作用，这是毋庸置疑的。当前制约经济发展的严峻挑战之一就是在宏观经济管理中无法充分挖掘经济信息蕴含的价值，无法使经济管理的水平显著提升。在宏观经济发展中，只有高度重视并发挥经济信息的价值，才能使决策科学化与合理化。

（二）经济信息管理类人才稀缺

在当今社会，经济发展、科技与信息技术的更新速度非常快，因而，亟须高素质的经济信息类管理人才，这类人才既要具备经济管理方面的专业知识，又要对信息技术与信息挖掘等有充分的了解。而同时具备这两方面知识的高素质人才十分稀少，要么是专业素养不全面，不符合经济管理发展的要求；要么是实践经验少，不能为宏观经济管理行业的发展作出贡献。

（三）对经济信息的认识不够充分

在宏观经济管理中，对经济信息及其作用的认识存在偏差，会影响经济信息的应用。就目前来说，有些管理者仅仅把经济信息看成其他经济报告的参考数据，并没有深入挖掘其潜在价值，认识到经济信息在宏观经济管理中的重要地位。与此同时，还存在一种现象，就是忽视经济信息发挥的作用，并未正确认识经济信息的应用价值，无法有效推动经济的快速发展。

四、宏观经济管理中加强经济信息应用的建议

（一）提高经济信息收集能力

要推进经济信息的应用，就需要从基础入手，提高对经济信息的搜集能力，确保搜集到的信息是全面、有效、真实的。在搜集经济信息的过程中，要严格遵循四大原则：计划性原则、时效性原则、针对性原则及连贯性原则，以使保障搜集到的经济信息全面、有效，且符合实际要求。此外，还要规范经济信息搜集的程序，严格按照步骤开展工作，提高信息搜集的效率。

（二）构建宏观经济信息管理系统

在搜集到相关的经济信息后，就需要对经济信息进行整合，挖掘出有用的经济信息，并应用于宏观经济管理的工作中，这就亟须构建宏观经济信息管理系统。在系统的构建过程中要严格遵循的原则如下。

（1）要在结合实际的情形下进行系统构建。

（2）构建的系统要符合独立性、完整性、经济性等方面的要求。

（3）构建的经济信息管理系统要为宏观经济管理服务。

另外，在构建经济信息管理系统时，还需要提高信息化程度，建立健全网络化信息系统，从而提高宏观经济信息管理系统的应用率。

（三）加大人才培养力度

对于高素质宏观经济管理人才稀缺的问题，要从人才的质量与数量两方面入手。一方面，高校应该适当开设经济信息管理专业，扩充经济信息管理类的人才队伍；另一方面，要加大人才培养的投资力度，加强培训，特别是对经济管理专业与信息技术方面的知识培训，提供机会，丰富此类学员的实践经验，提高其实践能力。

随着中国改革开放的深入与经济的发展，提高经济信息在宏观经济管理中的应用率具有重要意义。而提高对经济信息的认识，转变观念，有利于推动经济的稳定可持续发展。

第三节　商业经济管理中大数据技术的应用

在信息时代，大量数据让企业的数据分析变得更加困难，企业经济活动受到极大干扰。大数据技术解决了这一问题，让数据在企业经济活动中发挥了更大作用。本节首先分析了大数据对企业经济管理的不良影响，然后阐述了商业经济管理中大数据技术的应用。

大数据是网络信息技术发展的产物。随着网络数据越来越多，企业需要处理的数据量急剧增加。这加大了企业数据处理工作的难度，降低了企业利用数据进行分析的可信度。而大数据技术能够收集、筛选、处理企业数据，通过强大的数据存储功能和分析技术，减少工作量，提高分析速度与可信度。

一、大数据时代商业经济管理受到的不良影响

（1）数据分析可信度降低。数据分析是辅助企业决策的重要手段之一。大多数时候，数据表现出来的商业形势比人的预测更为精准。进入大数据时代，数据量与日俱增，虚假、无用数据混杂其中，增加了数据分析工作量。使用常规数据分析方法，不仅浪费时间和精力，也使数据分析的可信度逐渐降低。长此以往，数据分析将失去其商业价值。

（2）存在安全隐患。随着数据技术的发展，数据盗取现象频繁出现。商业数据是企业的宝贵资源，数据存储与安全保护是企业十分重视的问题。网络漏洞、黑客攻击、物理灾难等威胁着企业商业数据的安全。一些不法分子专门窃取商业数据出售，对企业造成重大损失。同时，网站用户数据泄露成为十分严重的问题。数据安全成为影响企业与社会安全的重大问题。

（3）数据信任及隐私问题。数据的商业价值被挖掘出来并在企业经营中应用，这使不少企业为了获取数据而用尽手段。网络上也存在大量倒卖个人信息的不法分子。个人数据在商业中的合理适度运用，以及保证用户信息不会被滥用与泄露，成为当前社会十分重视的问题。

二、大数据技术在商业经济管理中的应用

（一）提高商业决策的科学性

企业运用大数据技术进行经营管理，通过分析数据进行企业运营和管理决策，使量化数据成为企业决策的参考。利用大数据技术，企业能够整合各部门数据进行统一处理分析，得出更为准确可靠的分析结果，提高了决策的及时性与精准度。

增强企业的核心竞争力。通过大数据分析，企业能够获取客户的反馈意见，了解目标客户的需求，使企业的产品与服务更加优质与人性化。抓住用户的消费需求，能够提高企业的行业竞争力。通过分析客户数据，企业能了解消费者的消费习惯，从而调整经营模式与营销策略，降低经营成本，为企业创造更大效益。

（二）加大企业数据的挖掘力度

传统的数据挖掘工作主要针对数据的商业价值，但在工作过程中忽视了大量商业信息，也无法获取不断产生的数据。这种挖掘手法存在很大弊端，逐渐被淘汰。新一代数据挖掘工具，使企业能够改善数据挖掘分析方法，全面处理各种数据。新数据挖掘技术，让企业对数据有了更深刻的了解，帮助企业对发展与改革做出科学的决策与预测。

（三）加强企业数据技术队伍建设

应用大数据技术，需要观察力敏锐、执行力强的数据技术人员，尤其需要能对大数据进行快速、有效处理的数据专家。因此，企业需要引进工作能力强、经验丰富的数字技术人员，加强企业数据技术队伍建设，提升企业数据技术水平。不断挖掘企业数据中潜在的商业价值，为企业经营和管理决策提供重要参考。

大数据是信息时代发展的产物，影响着人们的日常生活，也为商业经济发展带来了变革。信息时代，大数据技术对企业商业活动十分重要。大数据技术对商业经济是挑战，更是机遇。大数据技术带来了经济与技术的变革，促进了商业经济模式的发展，为企业商业经济管理提供了更多可能。

第四节　现代经济管理中电子商务的应用

近年来，随着互联网科技和信息通信技术的发展和完善，电子商务也得到了广泛应用，促进了我国社会和经济的快速发展。本节针对现代经济管理中电子商务的应用进行了分析和探讨，希望能够为相关工作人员提供参考。

电子商务的发展具有跨时代的意义。我国大力推行信息化建设为电子商务的发展提供了政策上的支持。同时，不断发展的互联网和信息科技以及不断完善的基础设施为电子商务发展奠定了基础。

一、电子商务概述

电子商务是基于现代科技发展而产生的新的商业模式，这种商业模式充分发挥了计算机网络技术和数字化技术的优势，实现了商务运营和交易等经济活动。随着现代经济的快速发展，电子商务理念已经深入社会的各个领域，为各类经济活动提供了高效、便捷、安全的服务。

二、现代经济管理的需求特点

（1）现代经济管理的范围需求。传统的经济管理是基于企业在经营过程中数据的查询、统计、汇总以及报表技术而形成的，随着经济的不断发展，经济管理对日常工作管理提出了更高的要求，对数据的量化指标要求越来越高，涉及范围也越来越广。因此，现代经济管理在管理的范围上进一步扩大，并将这些量化的过程信息也作为企业经济决策的参考依据。

（2）现代经济管理的数据需求。现代经济管理对数据的需求也在不断增加，现代经济管理日益精细化，对数据精度要求较高，一般能够在经营管理中实现较为精确的控制，也为企业的经济决策和判断提供了可靠的数据支持。

（3）现代经济管理的信息需求。现代经济管理越来越重视对信息的采集、处理和分析，快速的信息处理有助于现代企业快速地进行经济决策判断，实现对经营运作方式的调整，以应对复杂的市场变化。随着精益化管理理念的发展，现代经济管理已在短时间内完成更全面、精确的经济数据处理工作，从而实现企业经营效率的提升。

三、电子商务在现代经济管理中的应用

（1）建立高效的物资管理系统。电子商务在现代经济管理中的应用，促进了先进管理理念的形成。例如，先进的 ERP 理论得到了广泛的应用。ERP 是当前电子商务领域较为重要的理论，也是当前全球先进企业重要的管理模式之一。其主要理念在于对企业资源的规划和整合，将企业的资金、物资、人力资源和信息流融入同一系统进行综合管理，使企业的各个部门能够协调统一，围绕着企业的统一导向开展业务，使企业资源配置得到优化，降低企业的经济管理成本。

（2）实现便捷的网上信息交互。一方面，企业向外部网站提供了大量的信息服务，通过网站实现产品的推广，接受用户的咨询。同时，企业也可以从外部网站上获取政策、经济、金融等方面的信息，为经济决策提供依据。另一方面，电子商务实现了内部信息管理的高效性。例如，办公自动化，OA 系统就是基于现代办公和网络基础而研发的，能够通过互联网和现代办公设备对信息资源进行搜集、处理和分析，将有效的信息提供给企业，实现企业内部各部门之间的资源共享和信息交互，从而提高企业的工作效率。

（3）实现网上推广和营销服务。电子商务在现代经济管理中应用的一个重要方面是实现了网上的大范围推广和提供营销服务。在当前互联网和信息通信技术的支持下，网上销售已经成为当前大众消费的主流形式，例如，阿里巴巴批发平台不仅为企业创造了产品推广的机会，还能够实现产品的销售，通过网上互动，提升企业在市场经济中的竞争地位。同时，电子商务还实现了线上和线下结合，使企业经济活动的范围更大也更灵活。

四、电子商务在现代经济管理中存在的问题

虽然电子商务在现代经济管理中充分发挥了自身广泛性、便捷性的特点，使现代经济管理更加精确和高效，但是其在应用过程中也存在一些问题。

（1）电子商务给现代经济管理带来了网络风险。一些网络病毒和黑客恶意入侵互联网将对现代经济管理带来威胁。网络风险不仅是当前，也是今后所要面临的问题，需要不断对网络保护技术进行优化。

（2）现代经济管理对电子商务人才需求与人才培养的不匹配也将成为今后要面对的重要问题。未来的电子商务将朝着智能化方向发展，减少人员对信息管理的操作，在避免人为失误的同时降低了对高端人才的依赖性。

第五节　目标成本管理在企业经济管理中的应用

随着我国社会和市场经济的不断发展与进步，现代化企业也出现了新的变化。在我国现代化企业经济规模不断扩大的前提下，企业要想提高市场份额和市场竞争力，就必须加强对企业自身的经济管理。企业在经营和发展过程中，必须重视对目标成本的管理，在降低企业生产经营成本的同时，促进企业发展，提高企业的经济效益。因此，本节将针对目标成本管理在企业经济管理中的应用进行分析和研究。

企业的目标成本管理主要是通过企业的内部预算，制定适合企业生产经营的收益目标，并且对这些目标进行规划和管理，形成企业长期的生产经营体系。目标成本管理能够帮助企业制定一套科学合理的成本预算体系，从而使企业减少不必要的成本支出，节约生产经营成本。企业从内部成本方面入手，加强对生产经营成本的控制，在完善企业目标成本管理制度的同时，加强企业的财务管理，帮助企业提高经济效益。

一、目标成本管理在企业经济管理中应用的重要性

随着市场经济的不断发展，企业要想在不断激烈的市场竞争中站稳脚跟，就必须加强对企业的财务管理和经济管理。企业在依靠消费者和创新产品来提高企

业经济效益的同时，还必须从企业生产经营的内部成本着手。目标成本管理能够帮助企业有效地进行生产经营的成本预算，使企业在完成既定生产经营目标的同时降低成本，提高企业的经营效益。

（一）提高企业的经济效益

企业生产经营最重要的就是获取利益，只有盈利才能够促进企业更快更好地发展，企业通过加强目标成本管理，对企业内部的资金、成本进行有效的控制和管理。同时目标成本管理在帮助企业预算生产经营成本的同时，还能够提高企业管理者抵御风险的意识和能力，帮助企业管理者及时地发现风险，并采取措施，保证企业资金成本的安全。当企业能够降低市场风险的时候，能够按照市场需要进行产品的生产，从而占据更多的市场份额，提高企业的市场竞争力。目标成本管理不仅能够优化企业的财务管理系统，还能够健全和完善企业的内部运营机制，从而提高企业的经济效益市场竞争力。

（二）实现企业成本的全过程管理

企业的目标成本管理就是对企业成本全过程的控制和管理，需要对企业生产经营的各个环节都进行有效的管理。通过加强目标成本管理实现对企业生产经营全过程的控制，能够对企业内部的资金成本进行科学合理的规划和配置，从而优化企业的成本预算。另外，加强企业成本管理，在帮助企业降低生产经营成本的同时，还能够使企业的产品更快地适应和融入市场，满足市场和消费者的需求。通过成本控制，能够帮助企业分析和了解消费者的具体需求，生产出更适合市场需求的产品，使企业获得更高的经济利益，提高企业的市场竞争能力。

（三）促进企业更好地发展

在激烈的市场竞争中，企业要想持续稳定地发展，需要按照市场发展的要求来进行规范和管理。企业只有不断研究市场需求，才能够生产出消费者需要的产品和服务，才能够使企业的产品占据较大的市场份额，在满足消费者需求的同时，提高市场竞争力，使企业得到更好的发展。另外，目标成本管理还能够帮助企业提高产品的质量和服务的品质，进而提高产品在市场中的影响力。同时，加强企业的目标管理还能够使企业生产管理措施更加完善，合理地安排生产。通过加强企业的目标成本管理，不仅能够提高企业的市场竞争力，还能够帮助企业更加稳定健康地发展。

二、目标成本管理在企业经济管理中应用的主要内容

虽然大部分企业的经济管理水平已经得到了提升，但是部分企业的生产经营仍然存在着一定的问题，通过目标成本管理在企业经济管理中的应用，解决企业生产经营问题的同时，还能够促进企业更好地发展，提高企业的经济效益。

（一）明确目标成本管理方式

企业在进行目标成本管理之前，必须明确目标成本管理的方式方法，同时要使工作人员了解和熟悉目标管理机制，明确员工的行为准则。只有明确成本管理的目标和方式，才能够使企业更好地进行生产经营策略的制定，使员工有目的、有计划地工作，从而提高员工的工作效率和工作质量。另外，企业发展必须适应市场，了解消费者的需求，只有这样，才能够根据市场需求生产出合适的产品和服务，从而提高产品和企业在市场中的竞争力。明确企业目标成本管理的方式，能够帮助企业制定更加适合自身发展的策略和经营模式，为企业后续生产和经营打下坚实的基础。

（二）健全目标成本管理机制

在明确企业目标成本管理方式方法之后，还必须制定完善的目标成本管理机制，为企业的目标成本管理提供制度保障。还应健全企业的监督管理机制，使员工在进行工作时有制度和规则可依，提升工作的质量和效率。另外，企业在进行产品研发和创新的过程中，必须了解市场和消费者的需求，对产品创新的要求和科技的发展进行分析和了解，提高产品与市场的贴合度，使产品更快地被消费者接受。还应当将目标成本管理与企业的财务管理相结合，严格要求财务人员的行为，实行企业财务公开制，从而提高企业财务管理的质量。

（三）加强目标成本全过程控制

目标成本管理在企业经济管理中的应用，还包括加强对企业目标成本管理的全过程控制。企业管理者在实现目标成本管理时，应该将目标成本管理融入产品设计、生产、销售、售后等各个环节，这样才能够保证企业成本得到全方位的预算和管理。另外，企业还必须结合市场的需求来进行产品的生产和研发，保证产品的销售量能够达到预期，从而提高企业的经济效益。同时，必须对企业工作人员行为进行监督和规范，防止出现违法乱纪、偷懒不作为的现象。

三、在企业经济管理中目标成本管理的应用情况

（一）在成本管理中的应用

在进行目标成本预测的过程中，需要结合企业经济现状来制定目标成本，主要操作方法有：①量本利预测分析法。对企业项目咨询成本、实际业务量和项目利润的联系进行综合考虑，并在预算出企业目标利润及产品数量的基础上对企业目标成本进行预测。②利润成本预测分析法。在企业计划收入目标利润确定后，结合应收税金和目标利润来确定目标成本参考值，并由应缴税金、预计企业收入及目标利润构成企业目标总成本。

（二）在目标成本执行考核中的应用

在考核企业目标成本执行情况时，最好每隔一个月考核一次，也可以采用累计计算的方式。在进行目标成本执行考核的过程中，成本指标确定后，在执行期内不得随意更改。通常情况下，在具体的生产活动中，每个月产生的成本存在一定的差异，当选择按月考核制度时，最好结合相关规范和标准进行考核，该过程中累计完成情况可以作为分配时的主要参考依据，这样既可以确保目标成本执行考核工作的顺利进行，还可以有效地提高企业经济管理效率。

四、目标成本管理在企业经济管理中的实例

以一家制作铅笔的的公司为例，其所处的地区资源非常丰富，但是这家企业

的经营及管理模式比较落后，开发新产品的能力相对也比较弱，这家企业的成本比同行高出 60% ~ 140%，企业效益不是很好，对企业的生存造成很大的影响。这家铅笔公司想要开发新产品，就要重新设置目标成本管理系统。在生产、设计新产品的时候，相关工作人员必须严格地按照目标成本管理系统的要求进行。如果生产出来的产品无法与目标成本的要求相匹配，宁可放弃生产。

该企业在确定市场驱动型经验模式的时候，需要制定 5 年工作计划，新产品的长期销售计划以及一些相关利润水平的计划，要和实际情况有机结合，尤其是和企业当前的生产条件结合。新产品生产线需要将平均利润提高到 15% 以上，第一年的时候保证销售量达到 10 万到 20 万打，而且在以后的年度要保证销售量在 20 万左右。当然，如果这一企业生产出来的新产品零售价比 4.02 元低，就会将其他同类高档产品挤出市场。所以，企业在进行目标成本管理的过程中，必须落实其中的关键内容，这样才可以推动企业的发展和进步，不断提高企业的市场竞争力。

综上所述，企业要想提高市场竞争力，顺应社会经济发展的要求，就必须在经济管理中加强企业的目标成本管理，这样才能够帮助企业提高经济效益，促进企业持续稳定健康发展。

参考文献

[1] 孙贵丽. 现代企业发展与经济管理创新策略 [M]. 长春：吉林科学技术出版社，2022.

[2] 王成，李明明. 经济管理创新研究 [M]. 北京：中国商务出版社，2023.

[3] 王业篷，宫金凤，赵明玲. 现代经济与管理的多维度探索 [M]. 长春：吉林人民出版社，2022.

[4] 陈晶. 经济管理理论与实践应用研究 [M]. 长春：吉林科学技术出版社，2022.

[5] 华忠，钟惟钰. 协调发展视角下的现代经济管理研究 [M]. 长春：吉林出版集团股份有限公司，2023.

[6] 陈莉，张纪平，孟山. 现代经济管理与商业模式 [M]. 哈尔滨：哈尔滨出版社，2021.

[7] 郭玉芬. 现代经济管理基础研究 [M]. 北京：线装书局，2022.

[8] 张亚东. 创新思维驱动经济管理发展研究 [M]. 太原：山西经济出版社，2022.

[9] 唐晓乐，刘欢，詹璐遥. 数字经济与创新管理实务研究 [M]. 长春：吉林人民出版社，2021.

[10] 毕杰，白铁军，崔广宇. 现代经济学理论与人力资源管理创新 [M]. 哈尔滨：哈尔滨出版社，2023.

[11] 张景岩，于志洲，卢广斌. 现代经济发展理论与金融管理 [M]. 长春：吉林科学技术出版社，2021.

[12] 孙杰，张姗姗，崔元刚. 现代企业管理创新与经济发展研究 [M]. 长春：吉林出版集团股份有限公司，2023.

[13] 董弋萱. 企业经济管理的创新与实践探索研究 [M]. 长春：吉林文史出版社，2021.

[14] 靳如一. 现代经济管理创新实践 [M]. 合肥：安徽人民出版社，2020.

[15] 黎兆跂. 现代企业经济管理与财务会计创新 [M]. 延吉：延边大学出版社，2023.

[16] 麦文桢，陈高峰，高文成. 现代企业经济管理及信息化发展路径研究 [M]. 北京：中国财富出版社，2021

[17] 吕振威，李力涛，王惠荣. 企业经济管理模式规范化与创新研究 [M]. 长春：吉林科学技术出版社，2021.

[18] 刘丽，苏锦堃，赵玉侨. 现代企业经济发展与管理研究 [M]. 北京：中国商务出版社，2020.

[19] 张进. 数字经济时代新经济模式对企业管理的影响研究 [M]. 北京：现代出版社，2021.

[20] 蔚文利. 网络经济与管理研究 [M]. 长春：吉林出版集团股份有限公司，2022.

[21] 莫天生，唐力，何岱眉. 行政管理服务与经济发展研究 [M]. 长春：吉林人民出版社，2022.

[22] 柳洪强. 现代运输经济与管理创新研究 [M]. 长春：吉林大学出版社，2022.

[23] 曹登科. 现代企业经济管理创新策略 [M]. 长春：吉林教育出版社，2020.

[24] 林艳，弓海英. 新形势下企业经济管理研究 [M]. 延吉：延边大学出版社，2022.